डॉ. कलाम
प्रेरणा की उड़ान

ज्ञान का दीप जलाए रखूँगा

‘हे भारतीय युवक
ज्ञानी-विज्ञानी
मानवता के प्रेमी
संकीर्ण तुच्छ लक्ष्य
की लालसा पाप है।
मेरे सपने बड़े
मैं मेहनत करूँगा
मेरा देश महान् हो
धनवान् हो, गुणवान् हो
यह प्रेरणा का भाव अमूल्य है,
कहीं भी धरती पर,
उससे ऊपर या नीचे
दीप जलाए रखूँगा
जिससे मेरा देश महान् हो।’

—ए.पी.जे. अब्दुल कलाम

डॉ. कलाम
प्रेरणा की उड़ान

डॉ. उन्नत पंडित

प्रकाशक • **प्रभात प्रकाशन प्रा. लि.**
4/19 आसफ अली रोड,
नई दिल्ली–110002

संस्करण • 2026
मूल्य • तीन सौ रुपए
मुद्रक • प्रिंट मीडिया, नई दिल्ली

DR. KALAM : PRERNA KI UDAAN
by Dr. Unnat Pandit ₹ 300.00
Published by Prabhat Prakashan Pvt. Ltd., 4/19 Asaf Ali Road, New Delhi-2
e-mail: prabhatbooks@gmail.com ISBN 978-93-51869-58-0

छात्रों और युवाओं के
प्रेरणास्रोत डॉ. कलाम की
पावन स्मृति को

॥ ॐ ॥

राष्ट्रीय स्वयंसेवक संघ

प्रधान कार्यालय : डॉ. हेडगेवार भवन, महाल, नागपुर-440032
दूरभार्ष : (0712) 2723003, 2720150 फैक्स नं 2721589

आषाढ़ शु. 2, युगाब्द 5118 दिनांक : 06-07-2016

शुभ संदेश

महामहिम पूर्व राष्ट्रपति ए.पी.जे. अब्दुल कलाम का जीवन हम सब भारतवासियों के लिए अत्यंत आदर्श का रहा है।

उनकी वैज्ञानिक आध्यात्मिक सोच युवाओं एवं विद्यार्थियों के साथ-साथ समाज के अन्य नागरिकों को भी सतत मार्गदर्शक और प्रेरणा देती रहेगी।

उनके जीवन पर विद्यार्थियों को ध्यान में रखकर लिखी गई इस पुस्तक का हम सभी अध्ययन करें। अपना जीवन इस देश को फिर से वैभवसंपन्न, उन्नत और गौरवशाली बनाने हेतु विकसित करें, यही शुभकामना!

उनके पावन स्मृति दिन—27 जुलाई, 2016 को प्रकाशित होनेवाली इस पुस्तक के प्रकाशक और उनके सहकारियों का अभिनंदन।

(मोहन भागवत)
सरसंघचालक
राष्ट्रीय स्वयंसेवक संघ

apro/Jm/2016/07/18/Jcb

दि: 18/07/2016

संदेश

''किसी को पराजित करना, आसान है,
परंतु किसी को जीतना, उतना ही कठिन है।''

—डॉ. ए.पी.जे. अब्दुल कलाम।

इस प्रकार के शब्द किसी भी व्यक्ति से निस्तृत हो सकते हैं, जो सीधे हृदय से निकलते हैं। दो प्रकार के व्यक्तित्त्व होते हैं। एक, जो जीवित रहकर ज्ञान की प्रतिक्रिया करते हैं तथा दूसरे हृदय से। डॉ. ए.पी.जे. कलाम दोनों-प्रतिभा तथा शुद्ध संवेदना के श्रेष्ठ मिश्रण थे।

अति प्रसन्नता का विषय है कि पुस्तिका का हिंदी संस्करण **''डॉ. कलाम प्रेरणा की उड़ान''** हमारे पूर्व महामहिम राष्ट्रपति स्वर्गीय **डॉ. ए.पी.जे. अब्दुल कलाम** के जीवन फलक को ऊजागर करती है। मुझे पूर्ण विश्वास है कि उनका जीवन वृत्तांत समस्त विद्यार्थी-गण तथा ज्ञान पिपासुओं के लिए प्रकाश प्रेरक सिद्ध होगा।

डॉ. कलाम प्रेरणा की उड़ान पुस्तिका के लिए, मेरी ओर से शुभ-कामनाएँ।

आनंदीबेन

(आनंदीबेन पटेल)

आनंदीबेन पटेल

मुख्य मंत्री, गुजरात राज्य

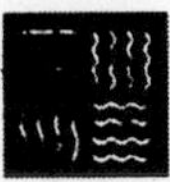

AMITABH BACHCHAN

June 27, 2016

MESSAGE

"Let us sacrifice our today so that our children can have a better tomorrow". A.P.J. Kalam

In character, in manner, in style, in all things, the supreme excellence is simplicity. The 11th President of India, redefined and demystified Indian Presidency in his simplicity. From India's Missile Man, he became the "People's President". He actually lived the life of the first citizen in it's true essence and voluntarily chose to give every ounce of his talent and his inellect for a better and progressive India. He later dedicated his life to education, public service and writing (his passion).

One of the most distinguished Scientists of India, a key driver of India's space and missile programs, he successfully pushed the country to reach new heights and to aspire to lead the way in its global rise, rather than aim to merely catch-up with the developed nations.

He believed in 'change' instead of 'complaint'. Great men like him leave their footprints in the sands of time, for us to follow. May we strive to emulate him by doing our utmost to positively touch as many lives as possible in simple unobstrusive ways as a tribute to his memory.

His impassioned plea to all humanity during the European Parliament in Strasbourg, France, the golden jubilee of the European Union, is one of the most memorable and will resonate for ages to come –

'Where there is righteousness in the heart, there is beauty in the character. When there is beauty in the character, there is harmony in the home. When there is harmony in the home, there is order in the nation. When there is order in the nation, there is peace in the world.'

He believed "Thinking is the capital, Enterprise is the way, Hard Work is the solution and A developed India by 2020, or even earlier, is not a dream. It need not be a mere vision in the minds of many Indians. It is a mission we can all take up – and succeed."

AMITABH BACHCHAN

AMB:pd:jalsa

PRATIKSHA JUHU MUMBAI 400 049
(RES) 91-22-2620 7577 (OFF) 91-22-2611 4016
obcl@bom3.vsnl.net.in

27 जून, 2016

संदेश

''आइए, हम अपने आज को न्योछावर करें, ताकि हमारे बच्चों का कल बेहतर हो।''

—ए.पी.जे. अब्दुल कलाम

आचरण, तरीके, शैली में; सारी चीजों में सरलता ही सर्वोत्कृष्ट है। भारत के 11वें राष्ट्रपति ने अपनी सरलता से भारत के राष्ट्रपति पद को पुनर्परिभाषित और रहस्यहीन बना दिया। भारत के मिसाइल मैन से वे लोगों के राष्ट्रपति बने। वास्तव में उन्होंने पहले नागरिक के जीवन को उसके सही अर्थों में जिया और अपनी इच्छा से अपनी प्रतिभा और ज्ञान का प्रत्येक अंश एक बेहतर और प्रगतिशील भारत को दिया। उन्होंने अपने बाद का जीवन शिक्षा, सार्वजनिक सेवा और लेखन (उनका शौक) को समर्पित कर दिया।

भारत के सबसे बेहतरीन वैज्ञानिकों में से एक, भारत के अंतरिक्ष और मिसाइल कार्यक्रम के प्रमुख प्रेरक होने के नाते उन्होंने महज विकसित देशों के साथ खड़े होने की होड़ को बल नहीं दिया बल्कि देश को नई ऊँचाइयों तक ले जाने और वैश्विक स्तर पर उभरने की

आकांक्षा को जगाने का भी काम किया।

वे शिकायत की बजाय परिवर्तन में विश्वास रखते थे। उनके जैसे महान् लोग वक्त की रेत पर अपने कदमों के निशान छोड़ जाते हैं, ताकि हम उन पर चल सकें। उनके प्रति श्रद्धांजलि स्वरूप हमें उनका अनुकरण करते हुए विनीत भाव से अधिक-से-अधिक लोगों के जीवन में सकारात्मक परिवर्तन के लिए अपना अधिकतम प्रयास करना चाहिए।

यूरोपीय संघ की स्वर्ण जयंती पर, फ्रांस के स्ट्रॉसबर्ग में यूरोपीय संसद् के दौरान सारी मानवता से उनकी भावपूर्ण अपील अब तक के सबसे यादगार पलों में से एक है, जिसकी गूँज लंबे समय तक सुनाई देती रहेगी—

जहाँ हृदय में धर्म है, वहाँ चरित्र में सुंदरता है।
जब चरित्र में सुंदरता है, तब घर में सद्भाव है।
जब घर में सद्भाव है तो देश में व्यवस्था रहती है।
जब देश में व्यवस्था रहती है, तब विश्व में शांति रहती है।

"वे मानते थे, सोच ही पूँजी है। उद्यम रास्ता है। कठिन परिश्रम समाधान है और 2020 तक या उससे पहले भी विकसित भारत कोई सपना नहीं है। यह अनेक भारतीयों के मन में महज एक दृष्टि बनकर न रहे। यह एक मिशन है, जिसे हम सब आगे बढ़ा सकते हैं और सफल हो सकते हैं।"

—अमिताभ बच्चन

प्रस्तावना

डॉ. कलाम : प्रेरणा की उड़ान

ए. पी.जे अब्दुल कलाम वह नाम है, जिसका सम्मान भारत में सबसे अधिक किया जाता है और जो विश्व में सबसे जाना-माना है। लाखों लोग उन्हें अपने युग का हीरो मानते हैं। भारत के पहले उपग्रह प्रक्षेपण यान, एकीकृत निर्देशित मिसाइल कार्यक्रम, परमाणु बम से लैस 'अग्नि' मिसाइल को साकार करने में उनकी भागीदारी, महत्त्वपूर्ण तकनीक में आत्मनिर्भरता के प्रति उनका संकल्प लड़ाकू विमान 'तेजस' के सफल निर्माण का सबसे अच्छा उदाहरण है। उनकी लोक केंद्रित प्रेसीडेंसी और अपनी व्यापक यात्राओं से युवाओं को प्रेरित करने की उनकी प्रवृत्ति और अत्यंत स्नेहशील बातचीत ने उन्हें आधुनिक भारत की एक महान् हस्ती बना दिया।

डॉ. कलाम अपनी वैज्ञानिक, सामाजिक और राजनीतिक उपलब्धियों के बावजूद सरल और विनयशील बने रहना चाहते थे। वह एक केवट के पुत्र थे, जो भारत के ग्यारहवें राष्ट्रपति बने। डॉ. कलाम को बीस प्रमुख राष्ट्रीय और अंतरराष्ट्रीय सम्मानों से विभूषित किया गया, जिनमें वॉन ब्राउन अवार्ड, पद्म भूषण, पद्म विभूषण, भारत रत्न और विश्व के ख्यातिप्राप्त विश्वविद्यालयों से मिली अड़तालीस मानद डॉक्टरेट उपाधियाँ शामिल हैं। निरंतर सफलता प्राप्त करते रहनेवाले व्यक्ति के साथ ही डॉ. कलाम सबसे सज्जन और भावपूर्ण मनुष्यों में से एक थे।

मुझे उनकी स्नेहच्छाया में 34 वर्षों तक कार्य करने और पाँच पुस्तकों का सह-लेखक होने का सौभाग्य प्राप्त हुआ है, जिनके नाम हैं—*विंग्स ऑफ फायर : एन ऑटोबायोग्राफी* (1999), *गाइडिंग सोल्स : डायलॉग्स ऑन द परपस ऑफ लाइफ* (2004), *यू ऑर बॉन्स टू ब्लॉजम : टेक माय जर्नी बियोंड* (2006), *स्क्वेरिंग द सर्किल : सेवन स्टेप्स टू इंडियन रिनैसां* (2013), और *ट्रांसेंडेंस : माय स्पिरीचुअल एक्सपीरिएंसेस विद प्रमुख स्वामीजी* (2015)। उनके शब्द, मूल्य और दृष्टि उनके भीतर के मनुष्य की एक शानदार झलक दिखाते हैं।

संभवत: हमारे देश के सबसे आदर्श भारतीय होने के नाते, उन्होंने अपनी अंतिम साँस भी देश की सेवा करते हुए, एक ऐसे मिशन को आगे बढ़ाते हुए ली, जो उन्हें सबसे प्रिय था—छात्रों के सामने अपने विचार रखते हुए, युवाओं की एक पीढ़ी में अलख जगाते हुए। डॉ. ए.पी.जे. अब्दुल कलाम पर *डॉ. कलाम : प्रेरणा की उड़ान* सीरीज की यह किताब युवा छात्रों के सामने कलाम को एक संत-वैज्ञानिक के समान और विज्ञान तथा आध्यात्मिकता के संगम के रूप में पेश करती है, जो उनकी विरासत है। डॉ. कलाम ने जिस प्रकार अलविदा कहा, उससे वह आज भी बच्चों की कल्पनाओं में, युवाओं की नई खोज में, वयस्कों की आकांक्षाओं में, वैज्ञानिकों के आविष्कारों में और हमारे देश की दृष्टि में बसे हैं। मेरे पास डॉ. उन्नत पंडित का शुक्रिया कहने के लिए शब्द नहीं हैं, जिन्होंने डॉ. कलाम के महान् जीवन को एक परिष्कृत रूप में इतने संक्षेप पर सम्यक् संपूर्ण रूप में रखा है।

हैदराबाद **—अरुण तिवारी**

14 जुलाई 2016

मेरी बात

आसमान की ओर देखो। हम अकेले नहीं हैं। पूरा ब्रह्मांड हमारा साथी है और सिर्फ उन्हें ही सर्वोत्तम सफलता देने के लिए एकजुट हो जाता है, जो सपने देखते हैं और उसके लिए प्रयत्न करते हैं।

—डॉ. ए.पी.जे. अब्दुल कलाम

ख्यातिप्राप्त वैज्ञानिक, विचारक, दार्शनिक और शिक्षक के रूप में डॉ. ए.पी.जे. अब्दुल कलाम ने प्रत्येक भारतीय को सदैव प्रेरित किया है उनके जीवन, कॅरियर और लेखन ने भारतीयों की पीढ़ियों को उत्साहित किया है और 27 जुलाई, 2015 को उनके देहावसान के बाद भी वह हमेशा प्रत्येक भारतीय के दिल में 'जन-जन के राष्ट्रपति' और 'मिसाइल मैन' के रूप में बने रहेंगे, साथ ही समाज और देश के प्रति अपने कर्तव्यों को लेकर हमारे मन में सदैव ज्ञान की ज्योति जलाते रहेंगे।

डॉ. कलाम ने अपना जीवन तकनीक के प्रयोग से समाज में परिवर्तन लाने के साथ ही छात्रों और युवाओं की मूल शक्ति का सदुपयोग देश के लिए करते हुए बिताया। प्रत्येक भारतीय उनके जीवन से काफी कुछ सीख सकता है। अपने जीवनकाल में डॉ. कलाम ने अकसर एक शिक्षक के रूप में याद रखे जाने की इच्छा जताई थी।

डॉ. ए.पी.जे. अब्दुल कलाम पर यह पुस्तक डॉ. कलाम के जीवन का लेखा–जोखा लगाने और उन घटनाओं को एक सूत्र में पिरोने का प्रयास है, जिनका देश के निर्माण में योगदान है। इस पुस्तक का मकसद देश के प्रति डॉ. कलाम की विचारधारा को मजबूती देना और उसे उसी गति से आगे बढ़ाना है, जिससे भारत के युवा छात्र पुष्पित और पल्लवित हो सकें।

मुझे विश्वास है कि इस पुस्तक को पढ़ने के बाद छात्रों को भारतीय रक्षा और अनुसंधान विकास में बतौर एरोनॉटिकल इंजीनियर, मिसाइल इंजीनियरिंग, उपग्रह प्रक्षेपण यान तकनीक के क्षेत्र में डॉ. कलाम के अनगिनत योगदानों के विषय में और ज्यादा जानने का अवसर मिलेगा। भारत के राष्ट्रपति के रूप में उनका जीवन पूजनीय प्रमुख स्वामी के साथ उनकी घनिष्ठता प्रेरणा का एक अगाध स्रोत है।

उनकी यह प्रसिद्ध उक्ति, 'किसी को पराजित करना बहुत आसान है, लेकिन किसी को जीतना बहुत कठिन' सारे छात्रों को शक्ति प्रदान करेगा। मुझे विश्वास है कि डॉ. ए.पी.जे. अब्दुल कलाम के प्रेरणादायी जीवन पर लिखी गई, इस पुस्तक के माध्यम से सारे छात्रों में सही भावना का ज्ञान कराने का मेरे ईमानदार प्रयास को पाठकों की ओर से सराहा जाएगा।

—डॉ. उन्नत पंडित

आभार

आनेवाली पुस्तकों और 'डॉ. कलाम : प्रेरणा की उड़ान' की चर्चा के लिए हुई एक संक्षिप्त बैठक ने इस पुस्तक का बीज बोए जाने के समान काम किया है।

सर्वप्रथम मैं उस *परम कृपालु परमात्मा* का धन्यवाद देना चाहूँगा, जिन्होंने 'डॉ. कलाम : प्रेरणा की उड़ान' के लिए डॉ. ए.पी.जे. अब्दुल कलाम पर इस पुस्तक को लिखने की मुझे शक्ति दी और बौद्धिक सहयोग दिया। डॉ. कलाम ने प्रो. अरुण तिवारी के साथ कई पुस्तकों की रचना की है तथा अन्य लेखकों ने भी डॉ. कलाम पर पुस्तकें लिखी हैं, लेकिन अब भी ऐसी पुस्तकों की कमी है, जो छात्रों को प्रेरित कर सके और आध्यात्मिक रचना के लिए उन्हें तैयार कर सके। ऐसे अनेक लोग हैं, जिन्हें मैं धन्यवाद देना चाहूँगी, जिनके सहयोग से यह पुस्तक छात्रों के लिए वास्तविक रूप ले सकी।

डॉ. ए.पी.जे. अब्दुल कलाम पर शोध कभी पूरा नहीं होता, यदि मैं प्रो. अरुण तिवारी से न मिला होता। एक महीने पहले डॉ. ए.पी.जे. अब्दुल कलाम के जीवन पर उस प्रेरक और उत्साहवर्धक चर्चा ने इस पुस्तक के दृष्टिकोण में परिवर्तन कर दिया। पूजनीय श्री मोहन भागवतजी, माननीया मुख्यमंत्री श्रीमती आनंदीबेन पटेल और महानायक श्री अमिताभ बच्चन के प्रेरणादायी शब्दों और संदेशों के लिए धन्यवाद शब्द बहुत छोटा होगा। मुझे विश्वास है कि उनका आशीर्वाद और उनकी प्रेरणा

डॉ. अब्दुल कलाम के विषय में और ज्यादा जानकारी की दिशा में सभी छात्रों के लिए एक उत्प्रेरक का कार्य करेगी।

व्हाट्सएप पोस्ट पर मुझे एक संदेश मिला है, जो इस प्रकार है— *मित्र वह होता है, जो आपके अतीत को समझता है, आपके भविष्य में विश्वास रखता है और आज आप जिस रूप में हैं, उसमें ही आपको स्वीकार करता है।* मेरी दोस्त उष्मा ने सदैव मुझे प्रेरित किया और जीवन में मेरे सारे विचित्र और क्रांतिकारी विचारों के बावजूद कुछ अच्छा करने में सहयोग दिया। मेरा प्रयास सदैव अपनी बुद्धि का प्रयोग समाज के लिए कुछ अच्छा करने का रहा है। इसी प्रकार मैं अपने माता-पिता और परिवार का हृदय से आभार व्यक्त करता हूँ, जिन्होंने जीवन में मेरे सभी कार्यों में अपना आशीर्वाद और सहयोग दिया। मेरे पुत्र दैवम ने अपने कई '*संडे द पापा डे*' खोए और फिर हम दिल्ली आए, जहाँ वह मेरे साथ अपनी पसंद की गतिविधियों को कर सका। मुझे यकीन है कि उसे डॉ. ए.पी.जे. अब्दुल कलाम के जीवन के विषय में पढ़ना अच्छा लगेगा।

अपने स्कूल के गुरु श्री अनिलभाई रावल तथा शोध के गुरु श्री निशीथ सी देसाई और गिरीशभाई शाए के साथ इस किताब को लेकर हुई चर्चा महत्त्वपूर्ण रही, क्योंकि उनकी प्रेरणा से ही मैं अपने कॅरियर के हर मील के पत्थर को पार कर सका। मैं मिस रोजी गुप्ता, संजीव जोशी, नितिन अग्रवाल, प्रभातजी, भारतजी, रामगोपालजी और भरत सिंह का उनके सहयोग और इस पुस्तक के लिए अत्यधिक उपयोगी जानकारी देने के लिए आभारी हूँ।

डॉ. अब्दुल कलाम की इस उक्ति के साथ आभार प्रकट करना चाहूँगा, जिन्होंने कहा था, *यदि सफल होने का मेरा संकल्प बहुत मजबूत है तो विफलता कभी मुझ पर हावी नहीं हो सकेगी।* यह उन लोगों के लिए है, जिन्हें मेरी क्षमता पर नहीं, बल्कि समाज के प्रति मेरी सेवा के संकल्प और उसकी बेहतरी के लिए मेरे प्रयासों पर विश्वास था, जिसमें कभी कमी नहीं आएगी।

—डॉ. उन्नत पंडित

अनुक्रम

आपका सपना पूरा हो, इसके लिए
आपका एक सपना होना जरूरी है।

डॉ. ए.पी.जे. अब्दुल कलाम को जानिए ....

डॉ. अबुल पाकिर जैनुलाब्दीन अब्दुल कलाम (15 अक्तूबर, 1931 से 27 जुलाई, 2015) सन् 2002 से 2007 तक भारत के 11वें राष्ट्रपति रहे। उनका जन्म और लालन-पालन तमिलनाडु के रामेश्वरम् में हुआ था। उन्होंने मद्रास इंस्टीट्यूट ऑफ टेक्नोलॉजी से फिजिक्स और एयरोस्पेस इंजीनियरिंग की शिक्षा ग्रहण की। वे पेशे से एक वैज्ञानिक थे, जो कि अनिच्छा से एक राजनीतिज्ञ में तब्दील हो गए। देशसेवा के दौरान उन्होंने 40 साल एक वैज्ञानिक और विज्ञान प्रशासक के रूप में काम किया, मुख्य रूप से डॉ. ए.पी.जे. अब्दुल कलाम ने 'रक्षा अनुसंधान एवं विकास संस्थान' (डी.आर.डी.ओ.) और 'भारतीय अंतरिक्ष अनुसंधान केंद्र' (इसरो) में एयरोनॉटिकल इंजीनियर के रूप में काम किया।

डॉ. ए.पी.जे. अब्दुल कलाम बेहद प्रतिभावान और विद्वान् वैज्ञानिक थे। एक बार एक स्कूल की मुलाकात के दौरान एक छात्रा ने उनसे पूछा कि आप इतने प्रतिभावान वैज्ञानिक कैसे बने। उनका उत्तर काफी कुछ अभिव्यक्त करता है। उन्होंने कहा—मेरी स्कूली शिक्षा मातृभाषा में हुई थी, इसलिए आज भी मुझे कठिन विषयों को समझने में आसानी होती है। आज भी मेरे जीवन में स्कूली शिक्षा का प्रभाव है। वे बेहद गहराई से 'भारतीय नागरिक अंतरिक्ष कार्यक्रम' और सैन्य मिसाइल के विकास से जुड़े हुए थे। यह उन्हीं की प्रतिभा और मेहनत का नतीजा है कि भारत बेहद शक्तिशाली मिसाइल संपन्न देशों में गिना जाता है और वैश्विक स्तर पर विज्ञान व तकनीक के क्षेत्र में इतनी प्रगति कर पाया

है। अंतरिक्षयान प्रौद्योगिकी और बैलिस्टिक मिसाइल के विकास में उनके महत्त्वपूर्ण योगदान के लिए आज दुनिया उनको भारत के 'मिसाइल मैन' के नाम से जानती है।

तत्कालीन राष्ट्रपति श्री के.आर. नारायणन से सर्वोच्च नागरिक सम्मान 'भारतरत्न' प्राप्त करते हुए डॉ. अब्दुल कलाम

उन्होंने 1998 में भारत के पोखरण-2 परमाणु परीक्षण में विशेष भूमिका निभाई थी। यह 1974 के बाद भारत का पहला वास्तविक परमाणु परीक्षण था। डॉ. कलाम को 2002 में सत्ताधारी भारतीय जनता पार्टी और विपक्ष की कांग्रेस पार्टी के समर्थन से भारत का 11वाँ राष्ट्रपति चुना गया था। उन्होंने पाँच साल तक गरिमामयी अखंडता से और बेहद विनम्रता के साथ अपने राष्ट्रपति पद का निर्वाह किया और पूरे राष्ट्र से अपने लिए सम्मान हासिल किया। इस कार्यकाल के दौरान वे भारत के नायक के रूप में स्थापित हो चुके थे। राष्ट्रपति पद का कार्यकाल पूरा

करने के बाद वे शिक्षा, लेखन और जनसेवक की अपनी भूमिका में लौट आए थे। डॉ. ए.पी.जे. अब्दुल कलाम को 1981 में पद्म भूषण और 1990 में पद्म विभूषण जैसे महत्त्वपूर्ण सम्मान मिले। 1997 में अब्दुल कलाम को भारतीय रक्षा तकनीक के आधुनिकीकरण में उनकी महत्त्वपूर्ण भूमिका के लिए देश के सर्वोच्च नागरिक सम्मान 'भारत रत्न' से सम्मानित किया गया। डॉ. अब्दुल कलाम से पहले केवल दो व्यक्तियों को यह सम्मान राष्ट्रपति बनने से पहले दिया गया था, जिनमें सर्वपल्ली राधा कृष्णन और जाकिर हुसैन शामिल हैं।

वह हमेशा इस बात की शपथ लेने को कहते थे, "भारत का तिरंगा हमेशा मेरे दिल में फहराता रहेगा और मैं अपने देश के गर्व और सम्मान को कायम रखूँगा।" राष्ट्रपति के रूप में उनके कार्यकाल के दौरान डॉ. ए.पी.जे. अब्दुल कलाम देश के एक नायक के रूप में स्थापित हो गए थे। 40 विश्वविद्यालयों ने उन्हें मानद उपाधियों से सम्मानित किया।

दूरदर्शिता और नए विचारों से भरे हुए डॉ. ए.पी.जे. अब्दुल कलाम को हमेशा जनता का राष्ट्रपति माना गया और हिंदुस्थान ने जीवनपर्यंत और उनके जाने के बाद भी उन्हें प्यार और सम्मान दिया है। अपने जीवन के दौरान उन्होंने स्कूल और कॉलेज के छात्रों से नियमित रूप से बातचीत की। डॉ. ए.पी.जे. कलाम ने छात्रों को दिए अपने संभाषणों में हमेशा ही नए और बेहतर भारत के लिए काम करने की प्रेरणा दी। वे हमेशा छात्रों से कहा करते थे कि 'आपका सपना पूरा हो, इसके लिए यह बेहद जरूरी है कि आप एक सपना देखें।' डॉ. ए.पी.जे. अब्दुल कलाम पुरजोर तरीके से इस बात का समर्थन करते थे कि भारत के विकास लक्ष्यों को एक व्यवस्थित कार्ययोजना और दूरदर्शिता के तहत पूरा किया जाए, ताकि भारत विश्व शक्ति के रूप में जाना जाए और साल 2020 तक हमारा देश विकसित देशों की श्रेणी में खड़ा हो। 27 जुलाई, 2015 को डॉ. ए.पी.जे. अब्दुल कलाम इंडियन मैनेजमेंट

इंस्टीट्यूट में एक व्याख्यान दे रहे थे, इसी दौरान उन्हें गंभीर रूप से दिल का दौरा पड़ा और असमय ही 83 साल की आयु में वे चल बसे। वे कहते थे, "हम केवल तभी याद रखे जाएँगे, जब हम भारत के युवाओं को एक खुशहाल और सुरक्षित भारत दें, जहाँ आर्थिक संपन्नता और सांस्कृतिक विरासत दोनों मौजूद हों।" अब यह हमारी जिम्मेदारी है कि अपनी योग्यता का इस्तेमाल राष्ट्र-निर्माण के कार्य में करें और उनके अधूरे सपनों को पूरा करने का संकल्प हो।

❐

अगर किसी देश को भ्रष्टाचार मुक्त और रचनात्मक बुद्धिवाले लोगों का देश बनना है तो मुझे पक्के तौर पर यह लगता है कि समाज के तीन सदस्य ऐसे हैं, जो यह काम कर सकते हैं, ये हैं—माता, पिता और शिक्षक।

प्रारंभिक जीवन

डॉ. ए.पी.जे. अब्दुल कलाम ने 15 अक्तूबर, 1931 को अबुल पाकिर जैनुलाब्दीन अब्दुल कलाम के रूप में जन्म लिया था। वह तमिलनाडु के रामेश्वरम् में रहनेवाले एक तमिल मुसलिम परिवार से थे। रामेश्वरम् देश के अंतिम छोर पर समुद्र किनारे बसी धार्मिक नगरी

अब्दुल कलाम का रामेश्वरम् स्थित पैतृक निवास, जहाँ उनका बचपन गुजरा

है। कलाम के पिता जैनुलाब्दीन एक नाव बनानेवाले थे और उनकी माता आशियम्मा कुशल गृहणी थीं। उनका परिवार गरीब था, इसलिए अब्दुल कलाम बहुत जल्दी ही अपने परिवार की आर्थिक मदद करने के लिए काम करने लग गए थे। वह अखबार बाँटने का काम करते थे। जिस घर में कलाम रहते थे, वह घर आज भी रामेश्वरम् की मसजिदवाली

सड़क पर स्थित है और उनके भाई की दुकान भी इसी के साथ लगी हुई है। यहाँ आनेवाले पर्यटकों के लिए यह एक आकर्षण का केंद्र है। अपनी पुस्तक 'मेरी यात्रा' में अब्दुल कलाम ने अपने जीवन के बारे में बातें लिखी हैं—'मेरे उत्साह में कोई कमी नहीं थी। मैं केवल आठ साल का था, लेकिन मैं अपने परिवार की कमाई के लिए महत्त्वपूर्ण आमदनी हासिल करने जा रहा था और मेरी नई नौकरी मेरे रोजाना की दिनचर्या में पूरी तरह शामिल हो गई थी। मेरी पढ़ाई और स्कूल पहले की तरह जारी रहे और समाचार-पत्र बाँटने का मेरा काम दूसरी अन्य गतिविधियों के साथ भी बदस्तूर चलता रहा। (इसी दौरान परिवार की आर्थिक स्थिति भी मजबूत हो गई।)

वह स्कूल, जहाँ तमिल माध्यम में अब्दुल कलाम ने प्राथमिक शिक्षा पाई

जैनुलाब्दीन ने नाव से लोगों को लाने ले जाने का काम शुरू कर दिया। इसी दौरान डॉ. कलाम के पिता एक धर्मपरायण मुसलिम थे और डॉ. कलाम का सबसे अच्छा मित्र शिव मंदिर के सबसे बड़े पुजारी का बेटा था। दोनों अकसर धर्म और दूसरे विषयों पर चर्चा करते थे, जिसका

नतीजा यह निकला कि ए.पी.जे. अब्दुल कलाम एक उदारवादी और विश्वबंधुत्व की भावना रखनेवाले युवा में तब्दील हो गए। डॉ. ए.पी.जे. कलाम का इंजीनियरिंग की दुनिया से पहला संपर्क तब हुआ, जब उन्होंने अपने पिता को नाव बनाते हुए देखा। कलाम ने अपनी आत्मकथा में लिखा है—'हर दिन वो बड़ी व्यग्रता से उस जगह जाने के लिए लालायित रहते थे, जहाँ वह नाव रोज नए स्वरूप को हासिल कर रही होती थी। धीरे-धीरे मेरी आँखों के सामने नाव का तला, उसकी दीवारें

अब्दुल कलाम के बचपन की एक पारिवारिक तसवीर

और फिर पूरा ढाँचा आकार लेता था। इसके कई सालों बाद अपने काम के दौरान उन्होंने सीखा कि किस तरह से रॉकेट और मिसाइल तैयार किए जाते हैं, लेकिन श्रद्धालुओं और मछुआरों को लाने व ले जानेवाली नाव किनारे पर आती थी, कौन यह कह सकता है कि हमारे जीवन में तब यह उतनी ही महत्त्वपूर्ण और प्रभावशाली नहीं थी?

कलाम वह पाठ कभी नहीं भूले, जो उन्होंने 10 साल की उम्र में सीखा था। उनके शिक्षक सुब्रमण्यम अय्यर बता रहे थे कि किस तरह

से समुद्री चिड़िया उड़ती है। छोटे से कलाम के मन में हजारों संशय थे, लेकिन उनके शिक्षक ने धैर्य रखते हुए बड़े ही इत्मीनान से उनके संशयों को दूर किया। शिक्षक बच्चों को समुद्र के किनारे ले गए और उन्हें समुद्री चिड़िया दिखाई, शिक्षक ने बड़ी ही बारीकी और विस्तार से चिड़िया के उड़ने और उसकी हर हरकत के बारे में बच्चों को बताया। कलाम ने लिखा है कि 'मैं आश्चर्यचकित होकर अपने शिक्षक की बातों को सुन रहा था, वह व्यक्ति जो हमें चिड़िया के उड़ने के बारे में बता रहा था, उसने हमें जीवन जीने का मकसद दे दिया, जो था—उड़ना।

❐

कभी-कभी क्लास छोड़कर अपने मित्रों के साथ आनंद उठाना अच्छा लगता है, क्योंकि अब जब मैं पीछे मुड़कर देखता हूँ, तो परीक्षाओं में मिले अंक मुझे हँसा नहीं पाते हैं, लेकिन यादें मुझे हँसाती हैं।

कलाम की शिक्षा

स्कूल के दिनों में कलाम ने तमिल माध्यम में शिक्षा ली और उन्हें साधारण अंक ही मिलते थे, लेकिन वह प्रतिभाशाली और मेहनती छात्र थे। एक ऐसे छात्र, जिसको सीखने की तीव्र इच्छा थी और वह पढ़ाई, खासतौर से गणित की पढ़ाई में घंटों बिताते थे। **अपने माता-पिता और शिक्षक की मदद से डॉ. कलाम के भीतर योग्यता, ईमानदारी, समर्पण, प्रतिबद्धता और आदर्शवादी गुण आए, जो कि आज के दौर में देखना बेहद दुर्लभ है।** रामनाथपुरम् शेवाट्र्ज मेट्रिकुलेशन स्कूल में शिक्षा पूरी करने के बाद कलाम को कॉलेज जाकर उच्च शिक्षा पाने की इच्छा हुई। यह एक ऐसी चीज थी, जिसमें उनके परिवार के किसी सदस्य को कोई लाभ नहीं दिखाई पड़ता था, फिर भी डॉ. कलाम तिरुचिरापल्ली के सेंट जोसेफ कॉलेज, जो कि तब मद्रास विश्वविद्यालय से संबद्ध था, में पढ़ाई करने लगे। 1950 में 18 वर्ष की आयु में फादर सेक्वेरा जैसे शिक्षकों का कलाम पर काफी प्रभाव पड़ा। कलाम इस बात से बेहद प्रभावित हुए कि किस तरह से विभिन्न मान्यताओं और वर्गों के छात्र एक साथ शांति, खुशहाली और सौहार्द के साथ रहते हैं। भौतिकी एक ऐसा विषय था, जो हमेशा से ही डॉ. कलाम को रोमांचित करता था, लेकिन धीरे-धीरे आगे चलकर यह लगाव कम होता गया। **अब्दुल कलाम को धीरे-धीरे अहसास होने लगा कि विज्ञान के जरिए आध्यात्मिक समृद्धि और आत्मानुभव संभव है।** साथ-साथ उन्हें विज्ञान और ब्रह्मांड-विज्ञान जैसे विषयों के प्रति भी लगाव होने लगा। उन्होंने सेंट जोसेफ कॉलेज

से 1954 में स्नातक की शिक्षा पूरी कर ली। अपनी स्नातक डिग्री के अंत तक उन्हें विषयों को लेकर उतना ज्यादा उत्साह नहीं रहा और वे इस बात पर पछताने लगे कि उन्होंने चार साल इन्हें पढ़ा। इसके बाद उन्होंने मद्रास तकनीकी संस्थान (एम.आई.टी.) में एयरोस्पेस इंजीनियरिंग की पढ़ाई शुरू की। उस वक्त एम.आई.टी. देश का एकमात्र ऐसा संस्थान था, जो एयरोनॉटिकल इंजीनयरिंग, ऑटोमोबाइल इंजीनियरिंग, इलेक्ट्रॉनिक्स और इंस्ट्रूमेंट टेक्नॉलोजी में बी.एस-सी. के बाद की पढ़ाई

सेंट जोसेफ कॉलेज में डॉ. कलाम का ग्रुप फोटो

और डिप्लोमा देता था। कलाम के सामने सबसे पहले पैसों की समस्या आई, क्योंकि उनके पास एम.आई.टी. में पढ़ने के लिए पर्याप्त पैसे नहीं थे, लेकिन उनकी बहन ने 1000 रुपए फीस भरने के लिए तुरंत ही अपनी सोने की चूड़ियाँ और चेन गिरवी रखने के लिए राजी हो गईं। इसके बाद कलाम इस बात को लेकर दृढ प्रतिज्ञ हो गए कि वे किसी भी तरह से अपनी बहन का पैसा जल्द से जल्द वापस कर देंगे। उन्होंने स्कॉलरशिप हासिल करने की ठानी और उसे हासिल भी कर लिया। वह एक छोटी सी कक्षा में पढ़ाई करते थे, जिसमें महज आठ या नौ छात्र ही थे, इससे उन्हें न केवल अपने साथी छात्रों, बल्कि शिक्षकों के

साथ भी करीब आने का मौका मिला। शिक्षकों की संख्या पढ़नेवाले छात्रों के आधे से भी ज्यादा थी तो छात्रों और शिक्षकों के बीच बेहद घनिष्ठ संबंध थे। एम.आई.टी. में पढ़ाई के वर्षों में डॉ. कलाम एक अलग व्यक्ति के रूप में उभरे। उन्होंने अहसास किया कि वह हठधर्मी नहीं हैं। धीरे-धीरे उन्होंने दूसरों से भी वार्त्तालाप करना प्रारंभ किया। **एम.आई.टी. में ही कलाम इस बात को लेकर विश्वस्त हो गए थे कि उनके जीवन का लक्ष्य क्या है और उन्हें इस बात का भी आभास हो गया था कि वे दबाव में अच्छा काम करते हैं और एक बार जो ठान लें तो भी वह अच्छे नतीजे देने में सफल होंगे।** सीनियर क्लास में एक प्रोजेक्ट पर काम करते वक्त कलाम की धीमी प्रगति को देखकर कुलपति असंतुष्ट हो गए; उन्होंने कलाम को यह कहकर डरा दिया कि अगर अगले तीन दिनों में प्रोजेक्ट पूरा नहीं हुआ तो उनको दी जानेवाली

स्कॉलरशिप रोक दी जाएगी। अब्दुल कलाम ने तय समय के भीतर प्रोजेक्ट पूरा कर लिया और कुलपति को बेहद प्रभावित किया। कुलपति ने बाद में कलाम से कहा, मैंने तुम्हें दबाव में लाकर तुमसे बेहद कठिन समय सीमा के भीतर प्रोजेक्ट पूरा करने को कहा।

दिए गए प्रोजेक्ट के लिए समर्पित कलाम

एम.आई.टी. से स्नातक होने के बाद डॉ. कलाम हिंदुस्तान एयरोनॉटिकल लिमिटेड बंगलोर में स्नातक एयरोनॉटिकल इंजीनियर के तौर पर चुन लिये गए और उन्हें इंजिन डिवीजन में रखा गया, जहाँ उनका काम पिस्टन और टर्बाइन, दोनों तरह के इंजन की जाँच-पड़ताल करना था। कलाम हमेशा से ही चिड़ियों की उड़ान को लेकर बेहद रोमांचित रहते थे और उनका यही लगाव एम.आई.टी. में एयरोनॉटिकल इंजीनियरिंग करने का कारण बना। वह एक लड़ाकू विमान चालक (फाइटर पायलट) बनना चाहते थे, लेकिन उनका यह सपना पूरा नहीं

हो पाया, क्योंकि चयन के दौरान वे नवें नंबर पर आए थे और उस वक्त आई.ए.एफ. में केवल आठवीं पोजीशन तक ही जगह थी। लेकिन इस बात ने डॉ. कलाम को अपने लक्ष्य से पूरी तरह नहीं डिगने दिया और उन्होंने इससे भी ज्यादा महान् उपलब्धियों की दिशा में काम करना जारी रखा।

❐

पहली सफलता के बाद आराम मत करो, क्योंकि अगर दूसरी चुनौती में हार गए तो ज्यादातर लोग कहेंगे कि तुम्हारी पहली विजय केवल भाग्य का नतीजा थी।

डी.आर.डी.ओ.
में कलाम के वर्ष

बाद में डॉ. ए.पी.जे. अब्दुल कलाम ने रक्षा मंत्रालय के 'डायरेक्टरेट ऑफ टेक्निकल डेवलपमेंट एंड प्रोडक्शन' (एयर) (डी.टी.डी. एंड पी.) में नौकरी के लिए आवेदन किया। वह इस बात से काफी निराश हुए कि उन्हें इस नौकरी के लिए चयनित नहीं किया और फिर वह ऋषिकेश चले गए। गंगा में स्नान करने के बाद डॉ. कलाम शिवानंद आश्रम गए और स्वामी शिवानंद से मुलाकात की, स्वामीजी ने शायद

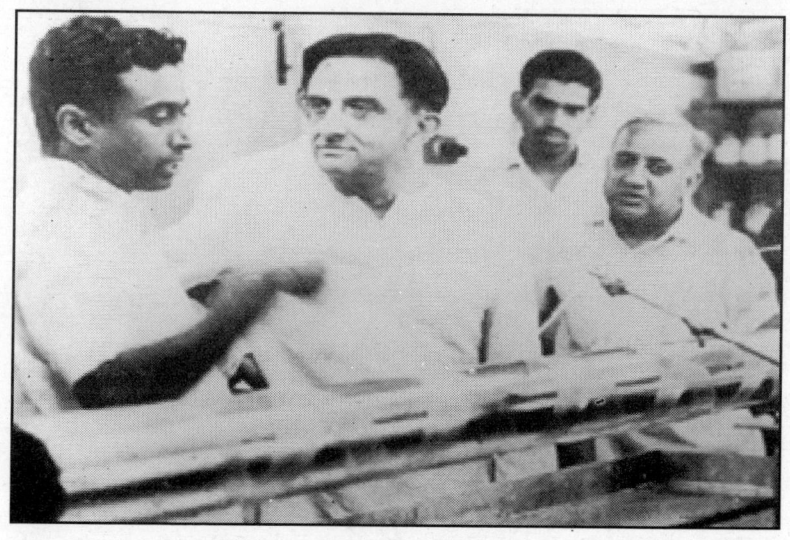

डॉ. कलाम अपने आदर्श प्रो. विक्रम साराभाई के साथ वैज्ञानिक चिंतन करते हुए

उनके मन की बात पढ़ ली और उनके दुःखी होने का कारण पूछा। कलाम को इस सवाल ने आश्चर्यचकित कर दिया। उन्होंने सारी बात

स्वामीजी को बताई। स्वामीजी ने उनसे अपने भाग्य को स्वीकर करने की सलाह दी, स्वामीजी ने उनसे कहा कि अपने साथ एकाकार करो और अपने आपको ईश्वर की इच्छा पर छोड़ दो। इसके आगे उन्होंने कबीर का दोहा कहा, ईश्वर ने निश्चित रूप से तुम्हारे करने के लिए काफी कुछ सोच रखा है, धैर्य और विश्वास रखो। स्वामीजी के ये आत्मीय वचन डॉ. कलाम को नौकरी न मिलने के दु:ख और अवसाद को कम करने में काफी लाभप्रद साबित हुए। कलाम तब दिल्ली लौटे और उन्हें पता चला कि डी.टी.डी. एंड पी. (एयर) में उन्होंने जिस नौकरी के लिए आवेदन किया था, उसके लिए उनका चयन कर लिया गया है। वास्तव में उनका नियुक्ति-पत्र उन्हें उसी समय उसी जगह पर दे दिया गया। कलाम ने 1958 में डी.टी.डी. एंड पी. (एयर) में काम करना शुरू किया। जहाँ वह एक ऐसे प्रोजेक्ट में शामिल हुए, जो कि सुपरसोनिक टारगेट एयरक्राफ्ट से जुड़ा हुआ था। इसके बाद उन्हें वायुयान और शस्त्र परीक्षण इकाई, कानपुर में भेज दिया गया। यहाँ डॉ. कलाम को जमीनी अनुभव प्राप्त हुआ। दिल्ली लौटने पर उन्हें नए-नए स्थापित हुए एयरोनॉटिकल डेवलपमेंट इस्टेबलिश्मेंट (ए.डी.ई.) बंगलौर में नियुक्त कर दिया गया। यह 'रक्षा अनुसंधान एवं विकास संगठन' (डी.आर.डी.ओ.) का ही एक हिस्सा था।

कलाम रोमांचित थे। ए.डी.ई. में उन्होंने एक ऐसे प्रोजेक्ट की शुरुआत की, जिसमें एक स्वदेशी होवरक्राफ्ट को विकसित किया जाना था। वह चार लोगों के एक छोटे से समूह का नेतृत्व कर रहे थे, लेकिन उनमें से कोई भी इस होवरक्राफ्ट की रूपरेखा और विकास के बारे में नहीं जानता था। इस बारे में जानकारी के अभाव की जो कमी थी, उसे इन लोगों ने दृढ निश्चय, उत्साह और प्रतिबद्धता से पूरा कर लिया था। यह काम एकदम किसी चीज में खरोंच लगाने जैसी शुरुआत से ही शुरू किया गया था। करीब एक साल बाद तत्कालीन रक्षा मंत्री वी.के. कृष्णा मेनन ए.डी.ई. के दौर पर आए थे, उन्हें होवरक्राफ्ट प्रोजेक्ट के

बारे में बताया गया था। रक्षा मंत्री आत्मनिर्भरता के कट्टर समर्थक थे। उन्होंने होवरक्राफ्ट प्रोजेक्ट में काफी रुचि दिखाई और वे खुद समय-समय पर इस परियोजना पर नजर रखते रहे। ए.डी.ई. में अपने एक

डॉ. कलाम द्वारा बनाया गया नंदी एयरक्राफ्ट

और दौरे पर रक्षा मंत्री यह देखकर बेहद खुश हुए कि वह होवरक्राफ्ट, जिसका नाम नंदी था, अपनी पहली परीक्षण उड़ान के लिए तैयार था और मंत्री महोदय उस पर जाना चाहते थे। उन्होंने अपनी इस इच्छा का प्रतिरोध कर रहे ग्रुप कैप्टन की बातों को भी दरकिनार कर दिया, जो कि रक्षा मंत्री की सुरक्षा को लेकर बेहद चिंतित था। रक्षा मंत्री उस परीक्षण उड़ान पर गए और उस होवरक्राफ्ट 'नंदी' को कोई दूसरा नहीं, बल्कि ए.पी.जे. कलाम उड़ा रहे थे। यह मशीन बेहद अच्छी तरह से काम कर रही थी और रक्षा मंत्री इस मिशन के सफलतापूर्वक पूरा होने पर बहुत खुश थे। उन्होंने सलाह दी कि कलाम और उनकी टीम द्वारा इससे भी ज्यादा शक्तिशाली वाहन को तैयार किया जाना चाहिए। लेकिन दुर्भाग्यवश इस घटना के कुछ ही दिन बाद कृष्णा मेनन को रक्षा मंत्री पद से हटा दिया गया और किन्हीं कारणों से होवरक्राफ्ट प्रोजेक्ट

को रोक दिया गया। पूरे घटनाक्रम की इस परिणति से डॉ. ए.पी.जे. कलाम काफी व्यथित हुए; लेकिन भाग्य का लिखा जल्द ही पूरा होनेवाला था। ए.डी.ई. में आनेवाले एक अन्य आगंतुक ने इस होवरक्राफ्ट को देखने की इच्छा जाहिर की। उन्हें इस मशीन को दिखाया गया और कलाम से भी मिलवाया गया। आगंतुक की इच्छा पर उन्हें इस मशीन पर यात्रा भी करवाई गई। ये आगंतुक कोई और नहीं, बल्कि तत्कालीन टाटा इंस्टीट्यूट ऑफ फंडामेंटल रिसर्च, बॉम्बे (टी.आई.एफ.आर.) के निदेशक प्रोफेसर ए.जी.के. मेनन थे। इसके कुछ ही दिनों बाद कलाम को टी.आई.एफ.आर. में एक साक्षात्कार में शामिल होने के लिए कहा गया। यह साक्षात्कार नवस्थापित इंडियन कमेटी फॉर स्पेस रिसर्च (आई.एन.सी.ओ.एस.पी.ए.आर.) में रॉकेट इंजीनियर के पद के लिए आयोजित किया गया था, इसका उद्‌देश्य भारत में अंतरिक्ष शोध की शुरुआत करना था।

ए.पी.जे. कलाम पहली बार डॉ. विक्रम साराभाई से मिले, जो चयन समिति के सदस्य थे। इसके बाद डॉ. कलाम को रॉकेट साइंटिस्ट के पद पर चयनित कर लिया गया, यह उनके प्रोफेशनल जीवन की एक ऐतिहासिक घटना थी। आई.एन.सी.ओ.एस.पी.ए.आर. की स्थापना 1962 में थुंबा (त्रिवेंद्रम के पास है, केरल) में की गई, यह जगह पृथ्वी के चुंबकीय भूमध्यरेखा के काफी करीब था और यह थुंबा भौगोलिक रूप से पृथ्वी के भूमध्य रेखीय क्षेत्र से काफी अलग है। इसका दफ्तर एक चर्च में स्थापित किया गया था, जिसका उपयोग रॉकेट प्रक्षेपण कार्यक्रम के लिए किया जाना था। इस काम में चर्च के अधिकारियों का पूरा सहयोग मिला। यह चर्च आज भारतीय अंतरिक्ष अनुसंधान संस्थान का अंतरिक्ष संग्रहालय है आई.आर.एल.एस. के अधिकारियों ने डॉ. ए.पी.जे. अब्दुल कलाम को छह महीने की ट्रेनिंग पर अमेरिका के नेशनल एयरोनॉटिक्स एंड स्पेस एडमिनिस्ट्रेशन (नासा) में भेजा। यहाँ कलाम ने रॉकेट निर्माण और उसके प्रक्षेपण तकनीक के संबंध में

बेहद महत्त्वपूर्ण जानकारियाँ हासिल कीं। यह कलाम के जीवन का एकमात्र प्रशिक्षण अभियान था, जिसमें वह अमेरिका या दुनिया के किसी अन्य देश में थे और इसी तरह कलाम का रॉकेट के साथ गहरा और लंबा जुड़ाव प्रारंभ हो गया, जिसने उन्हें पूरे विश्व में ख्याति दिलाई।

डॉ. कलाम सहकर्मियों के साथ NASA की मुलाकात

अमेरिका में बिताए छह महीनों ने कई मायनों में कलाम की आँखें खोल दीं। उन्हें इस बात का अहसास हुआ कि किस तरह से वैज्ञानिक शोध और तकनीक के विकास को उसी तरह से समेकित रूप से संचालित करना होगा, जैसे कि बग्घी को सही ढंग से चलाने के लिए उसमें बँधे दोनों अश्वों में संतुलन और सामंजस्य जरूरी होता है। नासा के लैंगली रिसर्च सेंटर में डॉ. कलाम ने आर एंड डी को विकसित एयरोस्पेस तकनीक पर काम करते हुए देखा। इसके बाद डॉ. कलाम

को मैरीलैंड स्थित गॉडडार्ड के स्पेस फ्लाइट सेंटर भेजा गया, ताकि वे पृथ्वी की कक्षा में काम कर रहे उपग्रहों के प्रयोगों के बारे में जान सकें। डॉ. कलाम के प्रशिक्षण का तीसरा और अंतिम पड़ाव था, वालप आइलैंड पर नासा की फ्लाइट टेस्ट फैसिलिटी। जहाँ महत्त्वपूर्ण रॉकेट कार्यक्रम संचालित किए जा रहे थे। यहाँ उन्होंने सीखा कि अमेरिका में हर काम के हर पहलू का एक निश्चित उद्देश्य या लक्ष्य होता है। उन्होंने यह भी जाना कि अमेरिकी नागरिक कितने परिश्रमी हैं। उन्हें यहाँ पर इस बात का भी अहसास हुआ कि दृढनिश्चय और प्रतिबद्धता के बल पर अमेरिकी किस तरह उन मुश्किलों, बाधाओं और दुविधाओं से उबर जाते हैं, जो कि हर परियोजना और हर किसी के जीवन में आती रहती हैं।

कलाम यह देखकर आश्चर्यचकित रह गए कि नासा की फ्लाइट टेस्ट फैसिलिटी के प्रवेश कक्ष में टीपू सुल्तान की एक विशाल पेंटिंग लगी थी, जिसमें काफी पहले 1794 में अंग्रेजों के खिलाफ टीपू सुल्तान द्वारा छोड़े गए रॉकेट का दृश्य था, जो इस बात का महिमामंडन कर रही थी कि टीपू रॉकेटरी की दुनिया के नायक थे। लेकिन उन्होंने

टीपू-रॉकेटरी की दुनिया के नायक

भारत में ऐसा कुछ भी नहीं देखा या सुना, यहाँ तक कि टीपू सुल्तान के महल में स्थित संग्रहालय में भी ऐसी कोई पेंटिंग नहीं थी। कलाम को

समझ में आया कि अमरीका विज्ञान और तकनीक के क्षेत्र में इतना फल-फूल क्यों रहा है, क्योंकि जिस देश में रॉकेटरी का जन्म एक हथियार के रूप में हुआ, वह देश दुर्बल हो गया था।

उन्हें इस बात का अहसास हुआ कि भारतीयों में राष्ट्रीय गौरव का जरा भी भान नहीं है। यहाँ हमेशा ही लोग निंदा करते हैं, कमतर आँकते हैं, आलोचना और शिकायत करते हैं। यहाँ कुछ प्रशंसनीय करने की चाहत और प्रतिबद्धता व सही ढंग से सम्मिलित रूप से काम करने का अभाव है। अमेरिका में 6 महीनों के प्रवास ने ए.पी.जे. कलाम को एक अलग इनसान बना दिया था। नवंबर 1963 में जब कलाम टीईआरएलएस वापस लौटे तो उन्होंने नासा में बने पहले साउंडिंग रॉकेट (नाइक अपाचे) के प्रक्षेपण में अहम किरदार निभाया। टीईआरएलएस एक सम्मिलित परियोजना थी। इसमें फ्रांस, अमेरिका, अमेरिकी अंतरिक्ष अनुसंधान शामिल थे। इसमें कलाम के काम को देखते हुए उन्हें रॉकेट एकीकरण और सुरक्षा का प्रमुख बना दिया गया। डॉ. होमी भाभा और डॉ. विक्रम साराभाई, दोनों के पास भारत के राष्ट्रीय अंतरिक्ष कार्यक्रम को लेकर स्पष्ट परिकल्पना थी। उन्होंने रॉकेट

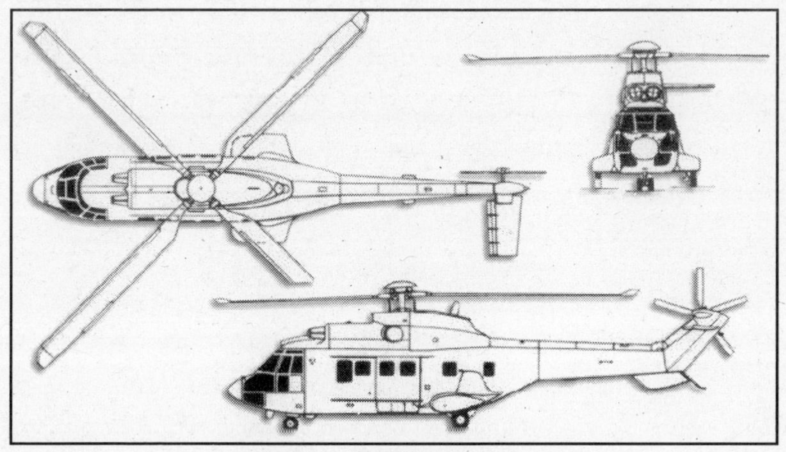

हेलीकॉप्टर ढाँचे का एक प्रारूप

ईंधन के विकास, संचालन व्यवस्था, एयरोस्पेस मैटेरियल, विकसित संरचना तकनीक, रॉकेट मोटर विन्यास, नियंत्रण व निर्देशन व्यवस्था, दूरी मापने, निगरानी तंत्र और वैज्ञानिक उपकरणों को अंतरिक्ष में भेजने को कार्यक्रम में शामिल किया। इसीलिए अंतरिक्ष विज्ञान और तकनीकी केंद्र (एस.एस.टी.सी.) 1965 में थुंबा में प्रकाश में आया और प्रारंभ हुआ। इस दिशा में की गई पहली स्वदेशी कोशिशों के चलते रोहिणी साउंडिंग रॉकेट (आर.एस.आर.) का निर्माण किया गया। कलाम ने अपना काम भारतीय सेना के लिए छोटे हेलीकॉप्टर का डिजाइन बनाने से शुरू किया, लेकिन वे डी.आर.डी.ओ. में अपनी भूमिका को लेकर आश्वस्त नहीं थे, उन्होंने 1965 में स्वतंत्र रूप से विस्तारित की जा सकने वाली रॉकेट परियोजनाओं पर काम करना भी शुरू कर दिया। कलाम को सरकार की मंजूरी मिल गई और उन्होंने दूसरे इंजीनियर्स को शामिल कर इस परियोजना को और विस्तृत कर दिया। एक बार डी.आर.डी.ओ. में सुरक्षा उपायों को लेकर विचार-विमर्श चल रहा था, क्योंकि भवन को सुरक्षित रखना जरूरी था। तब किसी ने सलाह दी कि दीवारों पर टूटे हुए काँच के टुकड़े लगा दिए जाएँ, जिससे घुसपैठियों को डी.आर.डी.ओ. प्रांगण में आने से रोका जा सके। लेकिन कलाम ने इस सुझाव को सिरे से नकार दिया। उनका तर्क था कि ऐसा करने से चिड़ियों को दीवार में बैठने पर असुविधा होगी और वे काँच के टूटे टुकड़ों से घायल भी हो सकती हैं। उनके इस व्यवहार ने उस विनम्र व्यक्ति की झलक दे दी थी, जो कि सभी प्राणवान चीजों का खयाल रखते थे।

❐

रक्षा अनुसंधान और विकास संगठन (डी.आर.डी.ओ.)

रक्षा अनुसंधान और विकास संगठन (डी.आर.डी.ओ.) भारतीय गणतंत्र की एक संस्था है, जो रक्षा मंत्रालय के रक्षा अनुसंधान और विकास विभाग के अधीन काम करती है। इसका मुख्यालय नई दिल्ली में है। इसकी स्थापना 1958 में तकनीकी विकास संस्थान और तकनीकी विकास व विस्तार निदेशालय को रक्षा विज्ञान संस्थान के साथ मिलाकर की गई थी। इसका प्रशासनिक नियंत्रण भारत सरकार के रक्षा मंत्रालय के हाथ में रहता है। डी.आर.डी.ओ. रक्षा तंत्र और निर्माण एवं विकास के लिए आत्मनिर्भर होने की दिशा में बड़े समर्पण के साथ काम करता है। यह

सेनाओं के लिए हथियारों और औजारों का निर्माण करता है। डी.आर.डी.ओ. सैन्य तकनीक के कई क्षेत्रों में काम करता है, जिनमें वैमानिकी, युद्ध सामग्री, युद्ध वाहन, इलेक्ट्रॉनिक्स, अभियांत्रिकी व्यवस्था विन्यास, प्रक्षेपास्त्र, नौसैनिक तंत्र, एडवांस कंप्यूटिंग, जीवन विज्ञान और अनुकरण शामिल हैं। डी.आर.डी.ओ. अत्याधुनिक आयुध प्रौद्योगिकी को हासिल करने के लिए लगातार प्रयास करता आ रहा है, जिसके चलते समाज को बहुत सारे फायदे बड़े पैमाने पर हो रहे हैं। इस तरह डी.आर.डी.ओ. देश निर्माण में भी अपना योगदान दे रहा है। इसके पास 52 प्रयोगशालाओं का नेटवर्क है और यह देश की सबसे बड़ी तथा सबसे विविधता भरी शोध संस्था है। इसमें करीब 5000 वैज्ञानिक हैं, जो कि रक्षा अनुसंधान और विकास सेवा से जुड़े हुए हैं। इसके अलावा 25,000 अन्य वैज्ञानिक, तकनीकी स्टाफ और कर्मचारी इसमें काम करते हैं। डी.आर.डी.ओ. ने अपनी पहली बड़ी परियोजना 1960 में शुरू की। यह जमीन से हवा में मार करनेवाली मिसाइल परियोजना (एस.ए.एम.) थी, जिसका नाम प्रोजेक्ट इंडिगो था। इस परियोजना को बाद के वर्षों में बिना पूरी सफलता हासिल किए स्थगित कर दिया गया था। लेकिन यह परियोजना 1970 में डी.आर.डी.ओ. को प्रोजेक्ट डेविल और प्रोजेक्ट वैलिएंट तक ले गई, जिसमें कम दूरी तक मार करनेवाली एसएएम और आई.सी.बी.एम. का निर्माण शामिल था। प्रोजेक्ट डेविल के जरिए 1980 में इंटेग्रेटेड गाइडेड मिसाइल डेवलपमेंट प्रोग्राम (आई.जी.एम.डी.पी.) के तहत पृथ्वी मिसाइल का निर्माण किया गया। 1980 और 2007 के बीच भारतीय रक्षा मंत्रालय की आई.जी.एम.डी.पी. कार्यक्रम के तहत लंबी दूरी तक मार करनेवाली मिसाइलों, जैसे अग्नि, पृथ्वी, आकाश, त्रिशूल और नाग का निर्माण किया गया। 2010 में तत्कालीन रक्षा मंत्री ए.के. एंटनी ने डी.आर.डी.ओ. के पुनर्निर्माण का आदेश दिया, ताकि देश में रक्षा अनुसंधान को महत्त्वपूर्ण प्रोत्साहन मिल सके, साथ ही रक्षा तकनीक के क्षेत्र में निजी भागीदारी भी सुनिश्चित हो सके।

❒

एक बार हमारा दिमाग नई ऊँचाइयों को हासिल कर लेता है तो यह कभी भी पुराने दायरों में नहीं सिमटता।

मिसाइल मैन

कलाम एक समर्पित शोधकर्ता थे। वर्ष 1969 में उनका स्थानांतरण भारतीय अंतरिक्ष अनुसंधान संस्थान, एस.एल.वी. परियोजना का उद्‌देश्य एक ऐसा रॉकेट लॉञ्च सिस्टम तैयार करना था, जो 400 से 500 किलोग्राम वजन के अंतरिक्ष उपकरण अपने साथ ले जा सके। इस महत्त्वाकांक्षी परियोजना में भारत के (महान्) वैज्ञानिक डॉ. विक्रम साराभाई का महत्त्वपूर्ण निर्देशन भी मिला। इसी दौरान यू.आर. राव जो

अब्दुल कलाम का पहला बड़ा प्रोजेक्ट एसएलवी
जो कि अपने पहले प्रयास में असफल रहा

कि पूर्व इसरो अध्यक्ष थे, वह भारत के पहली उपग्रह परियोजना आर्यभट्ट के परियोजना निदेशक थे। उन्होंने कहा कि यह आसान नहीं था। लोग नहीं जानते थे कि रॉकेट कैसे बनाया जाए और हर काम अलग से कामचलाऊ या अस्थायी रूप से किया जाना था। इसे उपयोगी और

अब्दुल कलाम और प्रो. सतीश धवन तत्कालीन प्रधानमंत्री श्रीमती इंदिरा गांधी से चर्चा करते हुए

उद्देश्य के अनुसार बनाना और फिर हर एक चीज को एक साथ लगाकर एक प्रक्षेपण तंत्र को स्थापित करना। उन्होंने आगे कहा कि कलाम के अंदर असीम धैर्य था। वे बहुत अच्छे नेतृत्वकर्ता थे और अकसर प्रयोगशाला से निकलने वाले आखिरी व्यक्ति होते थे, जो सबके चले जाने के बाद ही उसे छोड़ते थे। केंद्रीय मंत्रिमंडल की नामंजूरी के बावजूद तत्कालीन प्रधानमंत्री इंदिरा गांधी ने कलाम के निर्देशन में चल रहे इस एयरोस्पेस परियोजना को अपने विवेकाधीन अधिकारों के तहत गुप्त कोष मुहैया कराया। कलाम ने इस गोपनीय

एयरोस्पेस परियोजना के सच्चे उद्देश्यों के बारे में केंद्रीय मंत्रिमंडल को राजी करने के लिए एक अहम किरदार निभाया। 1 अगस्त 1979 को एस.एल.वी.-3 की पहली परीक्षण उड़ान हुई, लेकिन यह विफल साबित हुई। इस असफलता से एस.एल.वी.-3 परियोजना में लगे वैज्ञानिकों, अभियंताओं और इससे जुड़े प्रत्येक सदस्य पर निराशा की गहरी धुंध छा गई। लेकिन इनमें से कोई भी कलाम से ज्यादा व्यथित और दु:खी नहीं था। इस परियोजना के पहले परीक्षण के विफल होने के सभी संभावित कारणों का बारीकी से परीक्षण करने के बाद 18 जुलाई, 1980 को एक बार फिर श्रीहरिकोटा स्टेशन से एस.एल.वी.-3 के प्रक्षेपण का परीक्षण किया गया। यह एक बड़ी सफलता थी। रोहिणी उपग्रह (आर.एस.1) को पृथ्वी की कक्षा में स्थापित कर दिया गया था। इसके साथ ही भारत उन विशिष्ट 6 देशों के समूह में शामिल हो गया, जिनके उपग्रह दूर अंतरिक्ष में स्थापित थे। यह इसरो की रॉकेट परियोजना की एक शुरुआत थी। इसरो में बिताए गए कलाम के वर्ष बेहद महत्त्वपूर्ण थे और ये साल कलाम के जीवन में कभी न मिटने वाली यादें दे गए तथा उनके व्यक्तित्व पर चिरस्थायी प्रभाव छोड़ा। कलाम ने अपनी आत्मकथा में लिखा है कि उपग्रह प्रक्षेपण यान और प्रक्षेपास्त्रों को चचेरे भाई कहना ठीक होगा। ये चरित्र और उद्देश्य के लिहाज से तो अलग हैं, लेकिन ये उसी वंशावली का हिस्सा हैं, जिसे रॉकेटरी कहते हैं। एस.एल.वी. पर किए गए हमारे काम की ही तरह डी.आर.डी.ओ. भी अपने आपको जमीन से हवा में मार करनेवाली भारतीय मिसाल बनाने पर काम कर रहा था। 1970 से 1990 के बीच कलाम ने ध्रुवीय उपग्रह प्रक्षेपण यान (पी.एस.एल.वी.) और एस.एल.वी.-3 विकसित करने की परियोजना पर काम किया और दोनों में डॉ. कलाम ने सफलता हासिल की। इन सफलताओं के बाद डॉ. ए.पी.जे. अब्दुल कलाम को कई संस्थाओं के नेटवर्क की सहायता से जटिल एवं सूक्ष्म तकनीकों को विकसित करने की स्वदेशी क्षमता

का निर्माण करने के लिए जाना गया। 1970 में कलाम ने दो परियोजनाओं का निर्देशन किया। ये थे—प्रोजेक्ट डेविल और प्रोजेक्ट वैलिएंट, जिनके तहत स्वदेशी तकनीक के प्रयोग से बैलिस्टिक मिसाइल को विकसित किया था। ये दो गुप्त कार्यक्रम थे और इनको लेकर लोगों की राय मिली-जुली थी। कलाम के शोध और उनकी नेतृत्व क्षमता ने उन्हें 1980 में अत्यधिक ख्याति और महत्त्वपूर्ण सम्मान दिलाया, जिसके चलते भारत सरकार ने कलाम के नेतृत्व में एक एडवांस्ड मिसाइल प्रोग्राम की शुरुआत की। डॉ. ए.पी.जे. अब्दुल कलाम और तत्कालीन धातुविज्ञानी व रक्षा मंत्रालय के वैज्ञानिक सलाहकार वी.एस. अरुणाचलम के नेतृत्व में इस कार्यक्रम में इस बात पर विचार किया गया कि तय

बैलेस्टिक मिसाइल के विकास हेतु स्वदेशी तकनीकी का अन्वेषण करते हुए

लक्ष्य के अनुसार एक के बाद एक प्रक्षेपास्त्र तैयार करने के स्थान पर प्रक्षेपास्त्रों का पूरा तरकश ही तैयार किया जाए। तत्कालानी रक्षा मंत्री

आर. वेंकटरमण ने इस कार्यक्रम के लिए कैबिनट से 388 करोड़ रुपए का बजट पास करवाने में महत्त्वपूर्ण भूमिका निभाई। इस मिशन का नाम था 'इंटीग्रेटेड मिसाइल डवलेपमेंट प्रोग्राम' (आई.जी.एम.डी.पी.) और इसके मुखिया थे—डॉ. ए.पी.जे. अब्दुल कलाम। इस मिशन का आनेवाले दस सालों तक कलाम ने अपने बच्चे की तरह खयाल रखा। इस मिशन के तहत मध्यम दूरी तक मार करने वाली अग्नि बैलेस्टिक मिसाइल और सतह से सतह पर मार करनेवाली सामरिक मिसाइल 'पृथ्वी' का निर्माण किया गया। अंतरराष्ट्रीय मीडिया ने इन परिस्थितियों का फायदा उठाने की यह कहकर कोशिश की कि 'अग्नि' मिसाइल को सफलतापूर्वक बनाने में भारत को विदेशी सहायता भी मिली है। कलाम ने तुरंत इन बातों का खंडन करते हुए इन्हें पूरी तरह नकार दिया और उन्होंने कहा कि इस तरह की बातें सुनकर उन्हें हँसी आती है। कलाम तकनीक का उपयोग विकास के लिए करने के विचार का पुरजोर समर्थन करते थे। कलाम अकसर इस बात से परेशान हो जाते थे कि तकनीकी पिछड़ेपन की वजह से हम दमन और पराजय की ओर बढ़ते हैं और इस बात की जिम्मेदारी देश के नेतृत्वकर्ताओं व वैज्ञानिक समूह की होती है कि वह देश की सुरक्षा और संप्रभुता को अखंड रखें। 'अग्नि' मिसाइल का सफलतापूर्वक प्रक्षेपण करने के बाद भारत उस स्थिति में पहुँच गया कि युद्ध की दशा में प्रतिकार कर सके और अपना बचाव कर सके। भारत की सुरक्षा और संप्रभुता को अखंड रखने के उद्‍देश्य के लिए डॉ. ए.पी.जे. अब्दुल कलाम ने हमेशा हर तरह से अपना सर्वस्व जीवनपर्यंत दिया। 1991 में पहला खाड़ी युद्ध छिड़ने और उसमें तकनीकी रूप से दक्ष मित्र राष्ट्रों की सेना को मिली विजय के बाद कलाम ने डिफेंस रिसर्च एंड डेवलेपमेंट लैबोरेटरी, डेवलेपमेंट लैबोरेटरी व रिसर्च सेंटर इमारत के करीब 500 वैज्ञानिकों को बुलाया और इस बात पर जोर दिया कि वे खाड़ी युद्ध से सबक लें। कलाम ने वैज्ञानिकों से कहा कि युद्ध के नतीजों से वैज्ञानिक इस बात को समझें

कि भारत को इस वक्त सबसे ज्यादा जरूरत रक्षा क्षमता को जल्द-से-जल्द मजबूत और विकसित करने की है। कलाम ने अपनी किताब 'विंग्स ऑफ फायर' में लिखा है— "जल्द ही इस बात पर सभी की सहमति मिलने लगी कि भारत की सैन्य क्षमता की कमियों और असमानता को दूर करने का कोई रास्ता नहीं है, सिवाय इसके कि भारत भी उन विशिष्ट क्षेत्रों में उतना ही अधिक क्षमतावान हो, जितनी क्षमता उसके विरोधी राष्ट्रों के पास है।" बहुआयामी विकास कार्यक्रमों और हल्के लड़ाकू विमान जैसी परियोजनाओं में सफलता हासिल करके कलाम ने रक्षा तंत्र में आत्मनिर्भर होने पर बल दिया। जुलाई 1992 से

मिसाइलों की अग्नि श्रृंखला : दुश्मनों का दिल दहला देने वाली भारत की प्रमुख अग्नि मिसाइल

दिसंबर 1999 तक डॉ. ए.पी.जे. अब्दुल कलाम भारत के प्रधानमंत्री और डी.आर.डी.ओ. के सचिव के मुख्य वैज्ञानिक सलाहकार रहे। अपने इस कार्यकाल के दौरान सामरिक प्रक्षेपास्त्रों का हथियार के रूप में इस्तेमाल करने की दिशा में काम किया। यह वही समय था, जब भारतीय जनता पार्टी राष्ट्रीय जनतांत्रिक गठबंधन सरकार ने पोखरण-2 परमाणु परीक्षण किया था। हालाँकि, डॉ. कलाम इस परीक्षण से सीधे तौर पर जुड़े हुए नहीं थे, लेकिन उन्हें इसके पहले परीक्षण का साक्षी बनने के लिए राजस्थान बुलाया गया। परीक्षण चरण के दौरान डॉ.

कलाम ने राजगोपाला चिदंबरम के साथ मुख्य परियोजना संयोजक के रूप में योगदान दिया। मीडिया की सुर्खियों ने कलाम को देश का सबसे माना-जाना परमाणु वैज्ञानिक बना दिया और उन्हें इसके बाद से प्यार के साथ भारत का 'मिसाइल मैन' कहा जाने लगा। डॉ. कलाम भारत के सबसे असाधारण वैज्ञानिकों में से हैं, जिन्होंने 40 विश्वविद्यालयों और संस्थानों से मानद उपाधि प्राप्त करने का भी असाधारण सम्मान और मुकाम हासिल किया है। डॉ. ए.पी.जे. अब्दुल कलाम को 'पद्म भूषण' (1981), 'पद्म विभूषण' (1990) और भारत के सर्वोच्च नागरिक सम्मान 'भारत रत्न' (1997) से भी नवाजा गया। उनको कई अन्य विशिष्ट पुरस्कार भी दिए गए। इसके अलावा वे कई व्यावसायिक संस्थानों के फेलो भी रहे।

एक घटना इस बात को भलीभाँति साबित करती है कि डॉ. ए.पी.जे. अब्दुल कलाम का दिल सोने का था। एक महत्त्वपूर्ण परियोजना के दौरान डी.आर.डी.ओ. में काम का दबाव बेहद ज्यादा हो गया। एक वैज्ञानिक अपने अधिकारी, यानी डॉ. ए.पी.जे. कलाम के पास गया और उसने उनसे कहा कि आज वह जल्दी घर जाना चाहता है, क्योंकि उसने अपने बच्चों को प्रदर्शनी में ले जाने का वादा किया है। कलाम ने बेहद उदारतापूर्वक उस वैज्ञानिक को जल्दी जाने की इजाजत दे दी और वैज्ञानिक वापस काम पर लग गया। लेकिन काम के दौरान वह वैज्ञानिक इस बात को भूल गया कि उसे बच्चों को प्रदर्शनी ले जाने के लिए आज जल्दी घर जाना था। वह घर पहुँचा और अपने आपको शर्मिंदा महसूस करने लगा। उसने अपने बच्चों को घर पर खोजा, लेकिन वे उसे नहीं मिले। घर पर केवल पत्नी मौजूद थी। उसने जब अपनी पत्नी से बच्चों के बारे में पूछा तो पत्नी का जवाब सुनकर वह आश्चर्यचकित रह गया। पत्नी ने उस वैज्ञानिक से कहा कि आपके प्रबंधक यहाँ करीब 5.15 बजे आए थे और वे बच्चों को प्रदर्शनी दिखाने के लिए ले गए हैं। यह साफ था कि जल्दी जाने की इजाजत

बच्चों के साथ अब्दुल कलाम

देने के बावजूद डॉ. ए.पी.जे. अब्दुल कलाम उस वैज्ञानिक पर नजरें बनाए हुए थे और उन्होंने देखा कि वह वैज्ञानिक काम में इतना मशगूल है कि शायद उसे कभी पता न चले कि उसे जल्दी घर जाना है। डॉ. ए.पी.जे. कलाम ने उसके बच्चों के बारे में सोचा, जिससे वैज्ञानिक वादा करके आया था और इसके बाद डॉ. ए.पी.जे. कलाम उस वैज्ञानिक की जगह खुद उन बच्चों को प्रदर्शनी दिखाने के लिए लेकर गए।

❐

सीखने से रचनात्मकता आती है
रचनात्मकता से सोच बनती है,
सोच से ज्ञान मिलता है,
ज्ञान आपको महान् बनाता है।

राष्ट्रपति के रूप में डॉ. कलाम

वर्ष 1998 में अब्दुल कलाम ने 'तकनीकी परिकल्पना-2020' (Technology vision-2020) के नाम से एक देशव्यापी कार्यक्रम पेश किया, जिसे उन्होंने ऐसा मार्ग बताया, जिस पर चलकर भारत 20 साल के अंदर विकासशील देशों की कतार से निकलकर विकसित देश बन सकता है। इस योजना के तहत कई उपाय सुझाए गए, जिनमें कृषि उत्पादकता बढ़ाने पर जोर देना और आर्थिक विकास

भारत के तत्कालीन मुख्य न्यायाधीश बी.एन. कृपाल डॉ. कलाम को भारत के 11वें राष्ट्रपति के रूप में शपथ दिलाते हुए

के लिए तकनीक पर ध्यान देना तो शामिल था ही, इसके साथ-साथ शिक्षा और स्वास्थ्य सेवाओं का विस्तार करना भी शामिल था। डॉ. कलाम 500 विशेषज्ञों की उस टीम के अध्यक्ष बने, जिसने 'तकनीकी परिकल्पना-2020' (Technology Vision-2020) को तैयार किया, इस टीम का गठन तकनीक, सूचना, पूर्वानुमान और आकलन परिषद् (TIFAC) ने किया था। इस परिकल्पना को साकार रूप देने के लिए इस बात पर ध्यान दिया गया कि विज्ञान और तकनीक के सहारे कैसे भारत को विकसित देश बनाया जा सकता है। कलाम साहब के साथ विजन डॉक्यूमेंट मिशन पर काम करनेवाले TIFAC के पूर्व वैज्ञानिक दीपक भटनागर के अनुसार "वे न सिर्फ एक महान् वैज्ञानिक थे, बल्कि एक बेहतरीन कार्यक्रम-प्रबंधक भी थे, जिन्होंने ऐसी कई परियोजनाओं का नेतृत्व किया, जिनमें एक साथ सैकड़ों बिंदुओं पर ध्यान देना होता था। कलाम यह सुनिश्चित करते थे कि योजनाओं को लक्ष्य के रूप में पूरा किया जाए।" इसके बाद कलाम ने 1999 से 2001 तक भारत सरकार के प्रमुख वैज्ञानिक सलाहकार के तौर पर काम किया, जहाँ उनका ओहदा कैबिनेट मंत्री के बराबर था और वे विकास संबंधी कई उपायों के नीति-निर्धारण, रणनीति बनाने और लक्ष्य-प्राप्ति के लिए जवाबदेह थे। इसके साथ-साथ कलाम कैबिनेट की वैज्ञानिक सलाहकार समिति (SAC-C) के पदेन अध्यक्ष भी थे और उन्होंने 'तकनीकी परिकल्पना-2020' कार्यक्रम की अगुआई की थी। कलाम शिक्षा की शक्ति में विश्वास करते थे। उन्होंने हमेशा शिक्षा को बढ़ावा देने पर जोर दिया और कई साल तक व्याख्यान देने के साथ-साथ युवा-शक्ति को प्रेरित करने का कार्य भी किया। अपने शिक्षण के शौक की खातिर उन्होंने नवंबर 2001 से चेन्नई की अन्ना यूनिवर्सिटी के तकनीक और सामाजिक परिवर्तन विभाग में अध्यापन शुरू किया, यहाँ वे शिक्षण और अनुसंधान कार्यों में शामिल रहे। सबसे बढ़कर, उन्होंने देशभर के विद्यालयों में जाकर युवा-शक्ति को राष्ट्र के विकास से जोड़ने का

महान् लक्ष्य बनाया। जल्द ही यह जाना-माना वैज्ञानिक देश का 11वाँ राष्ट्रपति बन गया। राष्ट्रीय जनतांत्रिक गठबंधन (NDA) ने राष्ट्रपति के सम्मानित पद के लिए उनका नाम आगे बढ़ाया। समाजवादी पार्टी और राष्ट्रवादी कांग्रेस पार्टी जैसे दलों ने भी कलाम के नाम का समर्थन किया, जिसके मद्देनजर तत्कालीन राष्ट्रपति के.आर. नारायणन ने दूसरे कार्यकाल का विचार छोड़ दिया। इसके बाद कलाम ने राष्ट्रपति के चुनाव में आसानी से जीत हासिल कर ली और 25 जुलाई, 2002 को भारत के 11वें राष्ट्रपति बने। वे राष्ट्रपति के पद तक पहुँचनेवाले पहले अविवाहित व्यक्ति बने। यही नहीं, पहली बार किसी वैज्ञानिक को सर्वोच्च पद दिया गया।

राष्ट्रपति बनने के बाद भी विज्ञान और तकनीक में उनकी रुचि कायम रही, उन्होंने विज्ञान के क्षेत्र में भारत की कमियों को दूर करने के लिए नई-नई समितियों की स्थापना की। कलाम साहब बहुत जल्दी भाँप लेते थे कि किन क्षेत्रों में कमियाँ हैं और उन पर कैसे काम करने की जरूरत है।

❒

डॉ. कलाम की ओर से राष्ट्रपति भवन में की गई पहल

राष्ट्रपति भवन की 'चिल्ड्रेन गैलरी', जो डॉ. कलाम द्वारा संरक्षित की गई

बच्चों की गैलरी की स्थापना 2003 में दो हिस्सों में की गई—पहली 'बच्चों के द्वारा' और दूसरी 'बच्चों के लिए'। 'बच्चों के द्वारा' वाली गैलरी में बच्चों की ओर से राष्ट्रपति कलाम को दिए गए विभिन्न प्रकार के उपहार, जैसे पेंटिंग्स, हस्तकला और स्केच प्रदर्शित

किए गए हैं। बच्चों के लिए गैलरी में ऐसी अनेक वस्तुएँ हैं, जो बच्चों को आकर्षित और शिक्षित कर सकती हैं, जैसे संगीत वाद्य यंत्रों के चार्ट, भारत में विश्व-धरोहर के स्थल, ऑप्टिकल इल्यूजन, होलोग्राम तकनीक प्रदर्शन, ग्रहों की व्यवस्था के बर्थ स्टोन, उद्धृत किए जाने योग्य उद्धरण और 2020 के लिए एक मॉडल न्यूज पेपर। डॉ. कलाम से राष्ट्रपति भवन में मिलने आनेवाले बच्चों और बड़े लोगों के बीच यह गैलरी काफी लोकप्रिय थी। इसमें स्केच बनानेवाली और वजन बतानेवाली एक मशीन भी थी, जो नौ अलग-अलग ग्रहों पर किसी व्यक्ति का वजन बताती है। आगंतुकों को स्केच मशीन में तैयार किया गया उनका स्केच दिया जाता था, जिसके पीछे राष्ट्रपति भवन की तसवीर के साथ यह टैग लाइन होती थी : *''मैं··को राष्ट्रपति भवन आया था।''*

राष्ट्रपति भवन के राज्य गलियारे की एक लॉबी या बरामदे को डॉ. कलाम की सलाह पर बौद्धिक-रूम में बदल दिया गया। इसका उपयोग महत्त्वपूर्ण मंत्री स्तरीय ब्रीफिंग और बैठकों के लिए किया जाता था। प्रमुख उपग्रह प्रक्षेपण अभियान तथा पैन-अफ्रीकी नेटवर्क

राष्ट्रपति भवन में मुगल गार्डन का दृश्य

के लिए टेली–शिक्षा वितरण–प्रणाली के प्रदर्शनों पर होनेवाली वीडियो कॉन्फ्रेंसिंग के लिए भी इसका इस्तेमाल किया गया।

राष्ट्रपति कलाम ने फरवरी 2006 मुगल गार्डन में विनिर्मित 'म्यूजिकल फाउंटेन' का उद्घाटन भी में किया था। वे डिजिटल इलेक्ट्रॉनिक्स, विद्युत् चुंबकत्व, द्रवगति विज्ञान और हाइड्रोस्टैटिक्स का एक आकर्षक प्रदर्शन करते हैं। संगीत को डिजिटलाइज किया गया है और ऑडियो सिस्टम को मुगल गार्डन के कंप्यूटरीकृत प्रोग्राम कंट्रोल से संकेत दिए जाते हैं, जो एक शानदार शो का रूप ले लेता है, जिसमें जगमगाती रोशनी वीणा या शहनाई की धुन पर पानी के उठते और गिरते फव्वारे के साथ सब गजब का तालमेल बिठाते हैं।

डॉ. कलाम की पौधों में गहरी दिलचस्पी थी। उनके कहने पर ही राष्ट्रपति भवन के मुगल गार्डन के करीब हर्बल उद्यान, आध्यात्मिक उद्यान, स्पर्श उद्यान और जैव ईंधन पार्क की शुरुआत की गई।

विभिन्न राज्यों के किसान राष्ट्रपति भवन में 'हर्बल गार्डन' का भ्रमण करते हुए

हर्बल उद्यान की शुरुआत औषधीय पौधों से किए जानेवाले प्राकृतिक उपचारों और इलाज को बढ़ावा देने के लिए की गई थी।

यहाँ विभिन्न प्रकार के वाणिज्यिक रूप से महत्त्वपूर्ण औषधीय और सुगंधयुक्त पौधे, एलोवेरा, लेमनग्रास, पुदीना, तुलसी आदि उगाए जाते हैं। किसानों को भी हर्बल उद्यान में आमंत्रित किया जाता है, ताकि उन्हें भी औषधीय और हर्बल पौधे उगाने के लिए उत्साहित किया जा सके, जो उन्हें आर्थिक दृष्टि से लाभ देने के साथ ही समाज के लिए भी फायदेमंद हो सकते हैं।

मंद दृष्टि आगंतुकों के साथ 'टेक्टाइल गार्डन' में अब्दुल कलाम

'स्पर्श उद्यान' को विशेष रूप से दृष्टि बाधितों के लिए तैयार किया गया था, ताकि वे स्पर्श से ही प्रकृति की सुंदरता और विविधता का आनंद उठा सकें। यह डॉ. कलाम की ही सोच थी कि नेत्रहीनों के लिए स्पर्श उद्यान को बनाया जा सका। इस उद्यान में फलों, औषधि तथा सिट्रोनेला जैसे सुगंध वाले पौधे हैं, साथ ही कमल के पौधों के बीच बने फव्वारे से स्वस्थ करनेवाला एक स्पर्श मिलता है।

आध्यात्मिक उद्यान : भारत विभिन्न धर्मों और समुदायों वाला देश है, लेकिन सभी सद्‌भाव के साथ रहते हैं। डॉ. कलाम ने आध्यात्मिक

उद्यान की शुरुआत यह दिखाने के लिए की थी कि हमारे देश में विविधता में एकता है। पौधों को विभिन्न धर्मों और समुदायों के पवित्र ग्रंथों से शांतिपूर्ण सह-अस्तित्व के संदेश के प्रसार के उद्देश्य से चुना गया।

बायोफ्यूल के लिए जेट्रोफा

जैव ईंधन पार्क : डॉ. कलाम की दूरदृष्टि का प्रमाण जैव ईंधन पार्क है, जहाँ जैव-ईंधन की अपार संभावनाओं को जगाती जैट्रोफा की बेलों को 4 सितंबर, 2004 को लगाया गया था। इसे तिलहन का एक आम जंगली कटिबंधीय पौधा माना जाता था। अब यह जैव-ईंधन की संभावना वाला पौधा है, जिसकी खेती भारत में की जा सकती है। यहाँ तक कि अंतरराष्ट्रीय स्तर पर भी इसकी भारी माँग है। विभिन्न क्षेत्रों के किसानों को पार्क में आमंत्रित किया गया था, ताकि वे न केवल स्वच्छ ईंधन पैदा करने की प्रत्यक्ष जानकारी हासिल कर सकें, बल्कि बेकार पड़ी जमीन का वाणिज्यिक इस्तेमाल भी कर सकें।

राष्ट्रपति रहने के दौरान कलाम ने विज्ञान को खूब बढ़ावा दिया, छात्रों के साथ लगातार चर्चा करने की खूबी की वजह से वे युवाओं में काफी लोकप्रिय हुए। उनका लक्ष्य अब भी 2020 तक भारत को विकसित देश बनाने की ओर था। राष्ट्रपति के तौर पर उनका कार्यकाल 25 जुलाई, 2002 से 25 जुलाई, 2007 तक रहा। 2007 में उन्होंने यह पद छोड़ा और देश की प्रथम महिला राष्ट्रपति के तौर पर प्रतिभा पाटिल उनकी उत्तराधिकारी बनीं। राष्ट्रपति के तौर पर अपना कार्यकाल पूरा करने के बाद अब्दुल कलाम ने देश के कई मशहूर संस्थानों और विश्वविद्यालयों में अतिथि अध्यापक के तौर पर सेवा दी, इनमें भारतीय प्रबंधन संस्थान अहमदाबाद और इंदौर भी शामिल थे। उन्होंने कई संस्थानों में कुलपति के तौर पर भी सेवाएँ दीं, जिनमें भारतीय अंतरिक्ष विज्ञान और तकनीक संस्थान तिरुवनंतपुरम, चेन्नई के अन्ना विश्वविद्यालय में अंतरिक्ष प्रौद्योगिकी और मैसूर का जेएसएस विश्वविद्यालय शामिल हैं।

राष्ट्रपति का पद छोड़ने के बाद कलाम ने विनम्र शब्दों में अपने जीवन के बारे में कहा, ''मैं इतना धृष्ट नहीं कि अपने जीवन को किसी के लिए आदर्श कहूँ, लेकिन किसी दूरदराज के इलाके में गरीबी में रहनेवाले बच्चे को मेरे अब तक की उपलब्धियों से प्रेरणा मिल सकती है।'' अब्दुल कलाम ने अपनी आत्मकथा 'अग्नि की उड़ान' (1999), भारत 2020—नई सदी के लिए दूरदृष्टि, मेरा सफर, प्रज्वलित मन—भारत की ताकत का उभार (Ignited Minds—Unleashing the power within India) समेत ढेरों पुस्तकें लिखीं। उनकी प्रेरणादायी पुस्तकें बेहद लोकप्रिय हैं और बड़े पैमाने पर पढ़ी जाती हैं। इन पुस्तकों का कई भारतीय भाषाओं में अनुवाद किया गया है। साल 2011 में उन्होंने युवाओं के लिए 'मैं क्या दे सकता हूँ अभियान' की शुरुआत की, जिसका प्रमुख उद्‍देश्य भारत में फैले भ्रष्टाचार को खत्म करना था। अब्दुल कलाम हर लिहाज से जनता के राष्ट्रपति थे। बच्चों के लिए उनके मन में खास लगाव था। स्कूली बच्चों द्वारा किए जानेवाले

अनेक कार्यक्रमों में वे हिस्सा लेते और छोटे बच्चों के साथ बड़े शौक से तसवीरें खिंचवाते थे। दिल्ली के राष्ट्रपति भवन का एक खास कमरा उन खूबसूरत तोहफों से भरा रहता था, जो बच्चों ने अपने हाथों से बनाकर भेजे थे। वे इकलौते राष्ट्रपति थे, जो धन्यवाद के संदेशों पर खुद हस्ताक्षर किया करते थे। जब वे राष्ट्रपति थे, तो अकसर उनके दफ्तर में बच्चों के संदेश आते थे कि वे देश के प्रथम नागरिक से मिलना चाहते हैं।

कलाम साहब राष्ट्रपति भवन के अपने निजी चैंबर में न सिर्फ उन बच्चों से मुलाकात करते थे, बल्कि अपना कीमती वक्त निकालकर बच्चों के नए विचार सुनते और उन्हें ज्ञान भी देते। कई मौकों पर तो वे

राष्ट्रपति भवन में छात्रों के साथ कलाम

उन बच्चों से आगे भी विचार-विमर्श किया करते थे, और उनसे नए विचारों की प्रगति की जानकारी लेते। वे अकसर IIM संस्थानों समेत देश के अन्य राष्ट्रीय संस्थानों में छात्रों को संबोधित करने जाते थे। वाराणसी के एक दीक्षांत समारोह में कलाम मुख्य अतिथि थे। मंच पर

पाँच कुरसियाँ लगी थीं, बीचवाली कुरसी कलाम के लिए थी, जबकि चार अन्य विश्वविद्यालय के उच्च अधिकारियों के लिए। कलाम साहब

राष्ट्रपति भवन में छात्रों के साथ कलाम

ने गौर किया कि उनकी कुरसी दूसरों की तुलना में कुछ बड़ी है, फिर क्या था, उन्होंने उसपर बैठने से मना कर दिया और उपकुलपति को उस बड़ी कुरसी पर बिठा दिया। आनन-फानन में महामहिम राष्ट्रपति के लिए एक और कुरसी का इंतजाम किया गया। कलाम साहब की लगन, समर्पण और काम के लिए जुनून की कोई तुलना नहीं है, इन्हीं खूबियों की वजह से उन्होंने विज्ञान और तकनीक के क्षेत्र में अपार योगदान दिया है। वे ऐसे व्यक्ति नहीं थे, जिसे भौतिक सुख-सुविधाओं या ऐशोआराम का लालच हो। वे हमेशा अपनी जड़ों से जुड़े रहे और गरीबी के दिनों को भी याद रखा। देश के राष्ट्रपति और पूर्व राष्ट्रपति का ध्यान रखना केंद्र सरकार की जिम्मेदारी होती है।

इस बात को ध्यान में रखते हुए डॉ. कलाम ने राष्ट्रपति बनते ही अपनी सारी संपत्ति और जमापूँजी दान कर दी। इस धन को ग्रामीण

इलाकों में शहरी सुविधाएँ देने के मकसद के लिए उपयोग किया गया। इसके लिए डॉ. कलाम ने अमूल के संस्थापक डॉ. वर्गीज कुरियन को

ग्रामीण विद्यालय के विद्यार्थियों के साथ अब्दुल कलाम

बुलाया और कहा कि अब जब मैं भारत का राष्ट्रपति बन चुका हूँ, सरकार जिंदगी भर मेरी देखभाल करेगी, फिर मैं अपने वेतन और बचत का क्या इस्तेमाल कर सकता हूँ? उन्होंने जैव-प्रौद्योगिकी तकनीक सोसाइटी(SBMT) के गठन में भी योगदान दिया, इससे भी उनके परोपकारी स्वभाव की झलक मिलती है। इस सोसाइटी के गठन का मकसद मेडिकल पेशेवरों और डी.आर.डी.ओ. (DRDO) वैज्ञानिकों और इंजीनियरों को एक साथ काम करने के लिए लाना है, ताकि गरीबों की जरूरत के लाभकारी उत्पाद तैयार किए जा सकें। इसका एक उदाहरण 'ऑर्थोटिक' उपकरण (फ्लोर रिएक्शन ऑर्थोसिस) है, जिसे पक्षाघात से पीड़ित मरीजों के लिए बनाया गया और जिसकी कीमत आयातित मशीन के मुकाबले एक-तिहाई ही है।

भारत में दिल से जुड़ी बीमारियों के मरीजों की संख्या अमेरिका के मुकाबले कहीं ज्यादा है, लेकिन यहाँ बड़ी आबादी हृदय की देखभाल

का खर्च उठाने में लाचार है। खर्च कम करने के मकसद से हैदराबाद के डॉ. सोमाराजू ने डॉ. कलाम के साथ धातु का स्टेंट उपकरण तैयार किया, जिसे 'कलाम-राजू स्टेंट' के नाम से जाना जाता है। यह स्वदेशी उपकरण सभी टैक्स के साथ 15 हजार रुपए में उपलब्ध है। जबकि इसके उलट आयातित उपकरण का खर्च 50 से 75 हजार रुपए के बीच होता है। कलाम दिल से काफी धार्मिक व्यक्ति थे, जो हमेशा अपने मूल निवास को याद करते थे, तमिलनाडु के रामेश्वरम् की मसजिदवाली सड़क के अपने पुराने घर को याद करते। वे याद करते—कैसे बचपन में अपने भाई को इमली के बीज इकट्ठा करने में मदद करते और बाजार में बेचा करते थे। तब छुट्टियों का मतलब होता था—भाई की छोटी सी दुकान में अखबार और सिगरेट बेचने में मदद करना। कलाम सिर्फ अपनी इच्छाशक्ति, लगन, समर्पण और कठोर मेहनत के

बल पर जिंदगी में आगे बढ़े, उन्होंने भारत का पहला उपग्रह प्रक्षेपण यान (SVL-3) बनाने में अहम भूमिका निभाई। यही नहीं, मिसाइल तकनीक नियंत्रण संस्था (MTCR) जैसे गुटों को दरकिनार करते हुए भारत के संयुक्त मिसाइल कार्यक्रम के जनक बने। वे भौतिकतावाद, उपभोक्तावाद, दिखावे और ठाठ-बाट से आकर्षित होनेवाले नहीं थे। कलाम सादा जीवन, उच्च विचार के आधार पर जीनेवाले असल गांधीवादी मिसाइलमैन थे।

❐

आकाश की तरफ देखो। हम अकेले नहीं हैं। पूरे ब्रह्मांड का हमसे दोस्ताना है और जो लोग सपना देखते हैं और उन्हें पूरा करने के लिए काम करते हैं, ब्रह्मांड उन्हें सर्वश्रेष्ठ देने की कोशिश करता है।

कलाम और आध्यात्मिकता

अक्षरधाम के प्रेरक और वर्तमान गुरु स्वामीजी के साथ डॉ. कलाम

डॉ कलाम में सच्ची धर्मनिरपेक्षता, देशभक्ति के मूल्य और भारतीय मूल्य गहराई तक बैठ चुके थे। एक दस वर्षीय लड़के के रूप में, उन्हें एक विशेष घटना अच्छी तरह याद थी, और अकसर वे उसका जिक्र भी किया करते थे। उनके पिता एपी जैनुलाब्दीन, जो एक इमाम थे, पक्षी लक्ष्मण शास्त्री, जो रामनाथ स्वामी हिंदू मंदिर के मुख्य पुजारी थे और चर्च के एक पादरी अकसर गरम चाय के साथ द्वीप से जुड़े विषयों पर चर्चा किया करते थे। इसका विभिन्न मतों के प्रति सम्मान

और बातचीत के उनके मूल्य पर गहरा प्रभाव पड़ा। बचपन में मिले इस प्रकार के माहौल ने कलाम को विश्वास दिला दिया कि विवादों का हल बातचीत और सहयोग से निकलता है और विभिन्न धर्मों, समाज एवं राजनेताओं को इस रास्ते को अपनाना चाहिए। आज पूरे देश और दुनिया में, संस्कृतियों, धर्मों और सभ्यताओं के बीच खुले मन से और आपसी बातचीत की नितांत आवश्यकता है।

कलाम को अपने पिता से प्रेरणा मिली, जो एक सादा जीवन जीते थे और कभी उसमें निहित देवत्व को नहीं भूले।

अपने मित्र प्रोफेसर अरुण तिवारी के साथ मिलकर लिखी गई 'श्रेष्ठता : प्रमुख स्वामीजी के साथ मेरे आध्यात्मिक अनुभव' पुस्तक के लोकार्पण के अवसर पर, उन्होंने छात्रों और युवाओं को एक प्रेरणादायी भाषण दिया। पुस्तक के लोकार्पण से पहले वे एक जैन मुनि, एक हाजी और एक स्वामीजी से मिले तथा उन्होंने श्रेष्ठतावाली किताब को पढ़ा और तीनों ने ही उनसे एक प्रश्न पूछा, उन्हें इस किताब को लिखने की प्रेरणा कहाँ से मिली? किसी घटना ने उन्हें प्रेरित किया? उन्होंने कहा कि 30 जून, 2001 में जब वह प्रमुख स्वामीजी से मिले थे, उसी दिन उन्हें प्रेरणा मिली थी, लेकिन एक घटना ने उनके दिल को गहराई तक छू लिया था। 25 सितंबर, 2002 में गांधीनगर के अक्षरधाम मंदिर पर हुए आतंकवादी हमले के अगले दिन, हमले में मारे गए श्रद्धालुओं और आतंकवादियों के शव बिखरे पड़े थे। प्रमुख स्वामीजी अपने कमंडलु में गंगाजल लेकर आए और बिना किसी भेदभाव के हर शरीर पर उसे छिड़का, चाहे वह श्रद्धालु का हो, सुरक्षाकर्मी का या हमलावरों का। मौन रहते हुए भी उन्होंने दुनिया को दिखा दिया कि प्रत्येक मानव-जीवन पवित्र है। जीवन एक ईश्वर से मिलता है और एक ही ईश्वर के पास लौट जाता है। उनके हृदय की विशालता ने उन्हें प्रमुख स्वामीजी के आध्यात्मिक जीवन की तह तक जाने और श्रेष्ठता पर पुस्तक लिखने के लिए प्रेरित किया और शक्ति दी। यह कलाम के अन्य संग्रहों में

सबसे अधिक प्रेरणादायी है और प्रत्येक छात्र तथा युवा को इसे अवश्य पढ़ना चाहिए।

प्रमुख स्वामीजी महाराज के साथ कलाम

श्रेष्ठता पर पुस्तक को प्रमुख स्वामीजी को भेंट करने के सुअवसर पर एक सुखद दैवी परिवेश में उन्होंने अपनी शुभकामनाएँ दीं तथा मानव-जीवन के उद्देश्य पर अपने विचारों को व्यक्त किया। प्रत्येक मनुष्य का जन्म एक जीनोम के विस्तार के रूप में हुआ है, जिसका प्रसार हमारी धरती पर मानव अस्तित्व के सैकड़ों-हजारों वर्षों की मौजूदगी के दौरान एक पीढ़ी से दूसरी तक हुआ है। लोग जन्म लेते हैं, जीवन जीते हैं और चले जाते हैं। उस दैवी वातावरण में उन्होंने आध्यात्मिक यात्रा पर कुछ विचार साझा किए।

'आध्यात्मिक यात्रा' पर उन विचारों को उनके भाषण से नीचे उद्धृत किया जा रहा है, ताकि उनके ही शब्दों में इसे अच्छी तरह समझा जा सके।

प्रिय मित्रो, ऊपर देखो, क्या दिखता है, रोशनी, बिजली के बल्ब। तुरंत हमारा मन आविष्कारक थॉमस अल्वा एडिसन की ओर चला जाता है, जिन्होंने बिजली के बल्ब और बिजली से रोशनी पैदा करने के अपने आविष्कार से एक अनोखा योगदान दिया। आप जब अपने घर के ऊपर से उड़ते विमान की आवाज सुनते हो, तब क्या सोचते हो? राइट ब्रदर्स ने साबित किया कि मनुष्य उड़ान भर सकता है, भले ही उसकी अपनी कीमत और अपना ही जोखिम है। टेलीफोन आपको किसकी याद दिलाता है? बेशक, एलेक्जेंडर ग्राहम बेल की। जब हर कोई समुद्री यात्रा को लंबी यात्रा मानता था, तब एक अनोखा व्यक्ति ब्रिटेन से भारत की समुद्री-यात्रा के बीच यह गौर कर रहा था कि क्षितिज पर जहाँ आकाश और समुद्र मिलते हैं, वह नीला क्यों दिखता है? वह सर सीवी रमन थे। उनका शोध प्रकाश के प्रकीर्णन के रूप में सामने आया और उन्हें नोबेल पुरस्कार मिला। क्या आप जानते हैं कि एक भारतीय गणितज्ञ, जिन्हें औपचारिक उच्च शिक्षा नहीं मिली थी, लेकिन गणित के प्रति उनमें अगाध लगाव और प्रेम था, जिसके कारण उन्होंने गणितीय शोध में उल्लेखनीय योगदान दिया? यह गणितज्ञ थे

अक्षरधाम के उद्घाटन अवसर पर डॉ. कलाम व अन्य विभूतियाँ

श्रीनिवास रामानुजन, जिनके लिए हर संख्या एक दिव्य अभिव्यक्ति थी। क्या आप एक इनसान के बारे में जानते हो, जिसने तारे के जीवनकाल का अंदाजा लगाया था? हाँ, मैं प्रोफेसर सुब्रह्मण्यन चंद्रशेखर की बात कर रहा हूँ, जिन्होंने ब्रह्मांड की खोज में अपना पूरा जीवन लगा दिया। दोस्तो, एक महान् वैज्ञानिक महिला थीं, जिन्हें रेडियम के आविष्कार के लिए जाना जाता है। उन्होंने एक नहीं, बल्कि दो नोबेल पुरस्कार जीते, एक भौतिकी के लिए और दूसरा रसायन शास्त्र के लिए। कौन हैं वह? वे हैं मैडम क्यूरी। मैडम क्यूरी ने रेडियम का आविष्कार किया। वे मानव-प्रणाली पर रेडिएशन के प्रभाव पर शोध कर रही थीं। वही रेडिएशन, जिसकी उन्होंने खोज की, उसने उन्हें अपनी चपेट में ले लिया और मनुष्य जीवन के दर्द को दूर करने के लिए उन्होंने अपने जीवन का बलिदान दे दिया। ये सारी महान् हस्तियाँ अनोखी हैं। उन्होंने विज्ञान के प्रति अपना जीवन समर्पित कर दिया। आखिर वे ऐसा कैसे कर सके? उन्हें इतना अनोखा किसने बनाया?

Kalam with Pramukh Swami Maharaj

दोस्तो, मैं अब तक भारत और विदेश में लगभग एक दशक के दौरान 21 मिलियन युवाओं से मिल चुका हूँ। मैंने पाया है, हर युवा अनोखा बनना चाहता है। लेकिन आपके चारों तरफ की दुनिया, दिन-रात अपनी पूरी कोशिश में जुटी है कि आपको बस हर किसी के जैसा बना दे। मेरे युवा मित्रो, चुनौती यह है कि आपको सबसे कठिन लड़ाई लड़नी है, जिसकी कल्पना शायद ही मनुष्य कर सके, और तब तक संघर्ष करते रहना है, जब तक कि आप अपने निश्चित स्थान तक नहीं पहुँच जाते हैं और वह स्थान है, आपका अनोखा बनना!

जीवन एक यात्रा है, जिस पर आपको निकलना ही है, चाहे सड़क कितनी ही खराब क्यों न हो। कुछ सिद्ध कदम हैं। पहला कदम यह तय करना है कि आपको किस मार्ग से जाना है, जब आप 20 वर्ष की आयु से पहले जीवन में एक लक्ष्य बनाते हैं। 13वीं सदी के फारसी

सूफी कवि जलालुद्दीन रूमी ने युवाओं की आकांक्षाओं को सुंदर पंक्तियों में ढाला है—

उड़ान भरने के लिए पंख
मैं क्षमताओं के साथ जन्मा हूँ।
मैं अच्छाई और सच्चाई के साथ जन्मा हूँ।
मैं विचारों और सपनों के साथ जन्मा हूँ।
मैं महानता के साथ जन्मा हूँ।
मैं आत्मविश्वास के साथ जन्मा हूँ।
मैं साहस के साथ जन्मा हूँ,
तो मैं रेंगने के लिए नहीं बना हूँ।
मेरे पास पंख हैं और मैं उड़ान भरूँगा, मैं उड़ान भरता रहूँगा।

दूसरा कदम अधिकतम ज्ञान प्राप्त करना है, किताबों, शिक्षकों, वरिष्ठों, सहयोगियों, और अनुभव से। यह एक सतत प्रक्रिया है।

ज्ञान क्या है?

ज्ञान के तीन अंग हैं :
रचनात्मकता, धर्म और साहस

रचनात्मकता

शिक्षा से रचनात्मकता मिलती है,
रचनात्मकता से सोच पैदा होती है।
सोच से ज्ञान मिलता है,
ज्ञान आपको महान् बनाता है।

धर्म

जहाँ हृदय में धर्म है
वहाँ चरित्र में सुंदरता है।

जब चरित्र में सुंदरता है,
तब घर में सद्भाव है।
जब घर में सद्भाव है,
तो देश में व्यवस्था रहती है।
जब देश में व्यवस्था रहती है,
तब विश्व में शांति रहती है।

साहस

साहस अलग सोचने का नाम है,
साहस आविष्कार करने का नाम है,
साहस नए पथ पर चलने का नाम है,
साहस असंभव की खोज का नाम है,
साहस समस्याओं से लड़ने और सफल होने का नाम है।

तीसरा कदम कड़ी मेहनत और लक्ष्य को प्राप्त करने का है। चलिए, मैं आपको अपना अनुभव सुनाता हूँ। डॉ. विक्रम साराभाई संभवतः पहले भारतीय थे, जिन्हें यह एहसास हुआ कि तेजी से बदलते विश्व में जहाँ तकनीकी परिवर्तन की रफ्तार उससे भी तेज है, वहाँ व्यक्तियों की आवश्यकताओं का संतुलन किसी संस्थान की उतनी की महत्त्वपूर्ण आवश्यकताओं से स्थापित करना सबसे अधिक महत्त्वपूर्ण है। भारतीय उच्च शिक्षा को तब जिस प्रकार से बनाया गया और हमारे विश्वविद्यालयों की संरचना खड़ी की गई, ऐसा कोई स्थान नहीं था, जहाँ भविष्य के कारोबारियों को तैयार किया जा सके। इसी उद्देश्य से, विक्रम साराभाई ने अहमदाबाद में भारतीय प्रबंधन संस्थान (IIM) की स्थापना की, और 1961 से 1964 तक वे उसके पहले निदेशक रहे। बेशक यह सभी जानते हैं कि भारतीय अंतरिक्ष कार्यक्रम उनकी ही सोच का परिणाम है।

चौथा और सबसे महत्त्वपूर्ण कदम है धैर्य। आपको कठिनाई या देरी की चिंता किए बिना अपने काम को लगातार करते रहना होगा और कठिनाइयों को पराजित कर सफलता प्राप्त करनी होगी। मैं महात्मा गांधी से नहीं मिल सका, जिन्होंने लगभग चार दशकों तक हमारी स्वतंत्रता के लिए संघर्ष किया। लेकिन वर्गीज कुरियन में मैं उसी धैर्य को साक्षात् देखता हूँ। एक दुग्ध परियोजना को वृहद रूप देकर, सामाजिक शक्तियों, राजनीतिक शक्तियों, आर्थिक शक्तियों से लड़ते हुए भारत के 'मिल्कमैन' ने भारत को दूध की कमी वाले देश से दुनिया का सबसे बड़ा दूध-उत्पादक देश बना दिया।

अब आप जान गए कि अनोखे व्यक्ति कैसे सामने आए। आपको भी एहसास हो गया होगा कि अपने आप को अनोखा कैसे बनाना है। इनसे भी कहीं अधिक, आपको चाहिए शक्ति और आत्मविश्वास, जिनसे आप महान् लक्ष्यों को प्राप्त कर सकते हैं। दोस्तो, अब मैं आपको अपनी आध्यात्मिक यात्रा का अनुभव बताता हूँ।

मेरा जन्म रामेश्वरम् द्वीप पर एक बड़े शिव मंदिर के समीप हुआ था। मुझे याद है, जब मैं दस वर्षीय बालक था, तब अपने घर में समय-समय पर तीन व्यक्तियों को मिलते-जुलते देखता था : पक्षी लक्ष्मण शास्त्री, वैदिक विद्वान् और रामेश्वरम् मंदिर के मुख्य पुजारी, आदरणीय फादर बोदल, जिन्होंने रामेश्वरम द्वीप पर पहला चर्च बनाया, और मेरे पिता, जो मसजिद के इमाम थे। ये तीनों व्यक्ति हमारे आँगन में बैठते थे, और सबके हाथों में छाछ का गिलास होता था, जिसके साथ वे समुदाय के सामने खड़ी विभिन्न चुनौतियों पर चर्चा कर उनका हल निकालते थे।

मुझे कुछ महान् शिक्षकों का आशीर्वाद मिला है, जिन्होंने जीवन के विभिन्न चरणों में मेरे जीवन को दिशा दी, और जिसकी शुरुआत मेरे पिता जैनुलाब्दीन से होती है। मेरे पिता ने मुझे सिखाया कि जीवन में अपनी भूमिका को किसी साधन या नाव की तरह देखना चाहिए,

जिसके जरिए व्यक्ति इस हाथ लेता है और उस हाथ देता है। वह कहा करते थे, 'केवल एक ही रोशनी है, तुम और मैं दीपक की छाया के छिद्रों के समान हैं। मेरे पिता सादा जीवन जीते थे, लेकिन उसमें छिपे देवत्व को उन्होंने कभी नहीं भुलाया। इस दृष्टि से मैंने जीवन भर अपने पिता के दिखाए रास्ते पर चलने का प्रयत्न किया।

एक युवा इंजीनियर के रूप में मैंने डॉ. ब्रह्म प्रकाश के साथ काम किया। उन्होंने मुझे सिखाया कि टीम बनाने और उन कार्यों को पूरा करने के लिए जो व्यक्तिगत क्षमता से परे हैं, दूसरों के विचारों और सोच के प्रति सहनशीलता कितनी आवश्यक है। उन्होंने मुझे सिखाया कि जीवन एक बहुमूल्य भेंट है, लेकिन इसके साथ जिम्मेदारी भी दिखानी पड़ती है। इस भेंट के साथ, हमसे यह अपेक्षा की जाती है कि हम अपनी प्रतिभा का प्रयोग संसार को एक बेहतर जगह बनाने के लिए करें, नैतिक और संतुलित जीवन बिताएँ तथा ऐसा आध्यात्मिक जीवन बनाएँ जो शाश्वत हो।

प्रोजेक्ट डायरेक्टर के रूप में, मैंने सतीश धवन के साथ काम किया, जिन्होंने मुझे सिखाया कि एक अच्छा लीडर अपनी टीम की नाकामियों की जिम्मेदारी लेता है, लेकिन अपनी सफलता का श्रेय अपनी टीम को देता है। मैंने जब उनसे उनकी प्रतिभा का रहस्य पूछा, तब उन्होंने मुझे बताया, 'शैक्षणिक प्रतिभा किसी दर्पण की प्रतिभा से अलग नहीं होती। एक बार धूल हट जाती है, तो दर्पण चमक उठता है और छवि साफ दिखती है। हम शुद्ध और नैतिक जीवन जीकर तथा मानवता की सेवा से अशुद्धियों को दूर कर सकते हैं, और हमारे माध्यम से ईश्वर की चमक दिखने लगेगी।'

बाद में मेरी मुलाकात जैन मुनि आचार्य महाप्रयाण से हुई, जिन्होंने मुझे धरती पर एक दैवी-जीवन की पुष्टि के साथ ही नश्वर अस्तित्व में अमरत्व की भावना का एहसास दिलाया। उन्होंने मुझे सिखाया कि हमारी चेतना ही हमारी नैतिकता की जन्मस्थली होती है। हमने साथ

मिलकर फैमिली एंड द नेशन नाम की एक पुस्तक लिखी तथा अपनी चेतना को सुनने की प्रक्रिया के दो चरणों को बताया, जिससे हम अपने प्रति सजग हुए, ताकि हम अपनी अंतरात्मा से जुड़ सकें और वही कर सके जो हमारी अंतरात्मा ने कहा।

वह दिन मेरे जीवन का एक महत्त्वपूर्ण आध्यात्मिक दिन था, जब मैं पहली बार प्रमुख स्वामीजी से मिला। एक दशक से भी पहले, भारत सरकार के प्रमुख वैज्ञानिक सलाहकार के रूप में मैंने भूकंप के बाद चल रहे पुनर्वास कार्यों की समीक्षा के लिए भुज का दौरा किया था। वहाँ मेरी मुलाकात साधु ब्रह्मविहारीदास से हुई। उन्होंने मुझसे पूछा, 'पहले परमाणु बम के विस्फोट के बाद, रॉबर्ट ओपनहाइमर ने गीता को उद्धृत किया था : 'आज मैं विश्व का संहारक हूँ।' आपके मन में क्या आया था, जब आपने भारत के पहले परमाणु बम का विस्फोट किया था?' मैं उनके प्रश्न से अचंभित रह गया, फिर कहा, 'ईश्वर की ऊर्जा तबाह नहीं करती, बल्कि मनों को जोड़ती है,' जिसके जवाब में उन्होंने कहा, 'हमारे आध्यात्मिक गुरु, प्रमुख स्वामीजी एकजुटता के महान् सूत्रधार हैं। उन्होंने हम सभी की ऊर्जा को एक कर क्षति के बाद इकट्ठा मलबे से पुनर्जन्म और जीवन को बहाल करने का काम किया है।' मैं प्रभावित हुआ और ऐसे स्वामीजी से मिलने की इच्छा जताई।

अपनी पहली मुलाकात के अगले 15 वर्षों बाद तक हमने घनिष्ठ आध्यात्मिक संपर्क को बनाए रखा। पिछले वर्ष जब मैं 11 मार्च, 2014 में प्रमुख स्वामीजी से मिलने सारंगपुर आया था, तब मुझे गहरी आध्यात्मिक अनुभूति हुई थी। स्वामीजी ने दस मिनट तक मेरा हाथ पकड़े रखा था। हमने एक शब्द नहीं बोला। हमने चेतना के गहरे संवाद की मुद्रा में एक-दूसरे की आँखों में देखा। इन पलों में, आध्यात्मिक संपर्क के दौरान धरती माता की वैश्विक दृष्टि के आधार पर एक संदेश सहज संवाद के रूप में मिला, 'एकात्मकता, एकात्मकता, मन की एकात्मकता'।

ज्ञान देनेवाली एक झलक के साथ ही मैंने महसूस किया कि प्रसन्नता और अप्रसन्नता के बीच का जो संघर्ष अब तक मानव अस्तित्व की कहानी बना हुआ था और शांति तथा युद्ध के बीच का संघर्ष, जो मानव जाति के इतिहास का हिस्सा रहा है, उसे अब बदलना चाहिए। अपने हाथों पर उनकी पकड़ के दौरान उस मौन के बीच, मैंने सुना, 'कलाम, जाओ और सभी से कह दो कि जो शक्ति हमें इन संघर्षों के बीच शाश्वत विजय दिलाएगी, वह हमारे भीतर की अच्छाई की शक्ति है। मनुष्य जाति में एक सद्‍भावपूर्ण विश्व के संदेश का संचार करो। यह दृष्टि मानवता को अब तक प्रेरित करनेवाले किसी भी अन्य लक्ष्य से कहीं महान् होगी।'

समापन से पहले दोस्तो, मैं आपसे जानना चाहूँगा कि इस धरती को जीने योग्य बनाने के लिए आप क्या करना चाहेंगे। आपको अपने आप को विकसित और अपने जीवन को आकार देना होगा। आपको यह एक पन्ने पर लिख लेना चाहिए। वह पन्ना मानव इतिहास में एक बहुत महत्त्वपूर्ण पन्ना हो सकता है। और आपको राष्ट्र के इतिहास में उस एक पन्ने की रचना के लिए याद किया जाएगा, चाहे वह पन्ना आविष्कार का हो या खोज या सामाजिक परिवर्तन लाने का या गरीबी मिटाने या अन्याय से लड़ने का या नदियों को जोड़ने की योजना तैयार करने और उन्हें लागू करने तथा धरती को रहने योग्य बनाने के लिए सौर-ऊर्जा से पर्यावरण को स्वच्छ बनाने का पन्ना।

बीपीएएस स्वामिनारायण संस्था में इकट्‍ठा हुए सभी सदस्यों को करुणा, प्रेम और समझ के प्रसार के मिशन के लिए मेरी शुभकामनाएँ।

ईश्वर हम सभी पर कृपा करें।

(भाषण पर आधारित इस लेख के हिस्से को डॉ. कलाम की वेबसाइट http://www.abdulkalam.com से लिया गया है।

❑

महाप्रयाण

भारतीय प्रबंधन संस्थान, शिलांग में 'क्रिएटिंग ए लिवेबल प्लेनेट अर्थ विषय पर व्याख्यान देने के लिए कलाम ने 27 जुलाई, 2015 को शिलांग की यात्रा की। सीढ़ियाँ चढ़ने के दौरान उन्हें थोड़ी

बेचैनी महसूस हुई, लेकिन कुछ देर तक आराम करने के बाद वे ऑडिटोरियम तक पहुँचे। भारतीय समय के अनुसार शाम के करीब 6:35 बजे लेक्चर देते हुए अभी पाँच मिनट ही गुजरे थे कि उन्हें जबरदस्त दिल का दौरा पड़ा और वे गिर पड़े। उन्हें गंभीर हालत में नजदीकी अस्पताल तक ले

जाया गया। वहाँ पहुँचने पर न तो उनकी नब्ज फड़क रही थी, न ही जीवन का कोई अन्य संकेत बाकी था। इन्टेंसिव केयर यूनिट में रखे जाने के बावजूद भारतीय समयानुसार शाम 7:45 बजे कलाम को मृत घोषित कर दिया गया। मौत का कारण दिल का दौरा पड़ना बताया गया।

कलाम गरीबी में पले-बढ़े और बचपन में अपने पिता की मामूली आमदनी में कुछ पैसे जोड़ने के लिए अखबार बेचने का काम किया। कलाम भारत के तीसरे ऐसे राष्ट्रपति थे, जिन्हें राष्ट्रपति चुने जाने से पहले भारत रत्न से सम्मानित किया गया था। उन्हें धन्यवाद देनेवाले कार्ड खुद बनानेवाले के रूप में जाना जाता है, जिनमें वह अपनी ही हैंडराइटिंग में अपने संदेश लिखा करते थे। कलाम ने जीवन भर तकनीक की सहायता से समाज में परिवर्तन लाने का प्रयास किया, और मृत्यु के बाद भी मानव-कल्याण के लिए भारत के युवाओं को विज्ञान और तकनीक की संभावनाओं की तलाश के लिए प्रेरित किया।

❐

छात्रों और युवाओं के लिए डॉ. ए.पी.जे. अब्दुल कलाम की दस शपथ

• मैं मानता हूँ कि छोटा लक्ष्य एक अपराध है। मैं अपने जीवन में एक महान् लक्ष्य रखूँगा और उस लक्ष्य की प्राप्ति के लिए कठिन परिश्रम करूँगा। मैं लगातार ज्ञान प्राप्त करता रहूँगा। मैं मेहनत करूँगा, मेहनत करूँगा, मेहनत करूँगा। मैं लक्ष्य-प्राप्ति के लिए धैर्य रखूँगा।

• मैं ईमानदारी से काम करूँगा और ईमानदारी से सफलता प्राप्त करूँगा।

• मैं अपने परिवार का एक अच्छा सदस्य, समाज का अच्छा सदस्य, अपने राज्य का अच्छा सदस्य, राष्ट्र का अच्छा सदस्य और विश्व का एक अच्छा सदस्य बनूँगा।

• मैं सदैव जाति, धर्म, भाषा, संप्रदाय या राज्य को लेकर किसी भेदभाव के बिना किसी का जीवन बचाने या बेहतर बनाने का प्रयास करूँगा। मैं चाहे जो भी हूँ, एक विचार मन में सदैव आएगा। मैं आपके लिए क्या कर सकता हूँ?

• मैं कभी शराब, धूम्रपान और जुए की लत नहीं लगने दूँगा। मैं कम-से-कम 5 लोगों को नशे की लत से छुटकारा दिलाने और उन्हें अच्छा जीवन जीने में मदद करूँगा।

• मैं समय के महत्त्व का खयाल हमेशा रखूँगा। मेरा ध्येय होगा मेरे उड़ान भरने के दिनों को व्यर्थ बीतने न देना।

• मैं अपने पड़ोस में कम-से-कम 5 पेड़ लगाऊँगा और उन्हें बड़ा करूँगा। मैं सदैव अपने गाँव, शहर और राज्य को स्वच्छ बनाए रखने के लिए काम करूँगा, ताकि मेरी धरती साफ और हरी-भरी रहे। मैं 2030 तक ऊर्जा स्वतंत्रता हासिल करने के लिए बेहतरीन प्रयास करूँगा।

• अपने देश के युवा के रूप में मैं अपने सभी कार्यों में सफलता के लिए काम करूँगा और साहस के साथ काम करूँगा तथा दूसरों की सफलता का भी आनंद उठाऊँगा।

• मैं उतना ही युवा हूँ, जितना कि मेरा विश्वास और उतना ही बूढ़ा, जितनी मेरी शंका। इसलिए मैं अपने हृदय में विश्वास का दीपक जलाऊँगा।

• मेरा देश मेरे हृदय में उड़ान भर रहा है और मैं अपने राज्य तथा राष्ट्र का गौरव बढ़ाऊँगा।

मित्रो, इस कारण यह शपथ लो :

मैं प्रतिज्ञा करता हूँ कि मैं डॉ. कलाम द्वारा दिलाई गई शपथ का पालन अपने जीवन में करूँगा और अपने लक्ष्यों तथा सभी कार्यों में सफलता प्राप्त करूँगा।

❐

डॉ. कलाम के अमरवाक्य

राष्ट्र के लिए

• आज आप एक शपथ लीजिए, मेरा राष्ट्रध्वज मेरे दिल में हमेशा फहराता रहेगा और मैं अपने देश का सम्मान बढ़ाऊँगा।

• अगर एक राष्ट्र को भ्रष्टाचार मुक्त होकर सुंदर मस्तिष्कवालों का देश बनना है, तो मेरे हिसाब से समाज के तीन अंग प्रमुख भूमिका निभा सकते हैं, वे हैं—पिता, माता और शिक्षक।

• यह मायने नहीं रखता कि आपके आसपास कैसा माहौल है, आपके लिए अपनी सत्यनिष्ठा बनाए रखना हमेशा संभव है।

सपनों के लिए

• आपके सपने तभी सच होंगे, जब आप सपना देखते हैं।

• सपना देखो, बिल्कुल देखो। सपने विचारों में तब्दील होते हैं और विचारों पर अमल करके ही नतीजे आते हैं।

• आकाश की तरफ देखो। हम अकेले नहीं हैं। पूरे ब्रह्मांड का हमसे दोस्ताना है और जो लोग सपना देखते हैं और उन्हें पूरा करने के लिए काम करते हैं, ब्रह्मांड उन्हें सर्वश्रेष्ठ देने की साजिश करता है।

जीत के लिए

• अपनी पहली जीत के बाद आराम करने मत बैठो, क्योंकि अगर तुम दूसरे प्रयास में हार गए, तो असंख्य लोग कहेंगे कि तुम्हारी पहली जीत किस्मत से मिली थी।

• किसी को हराना बहुत आसान है, लेकिन किसी को जीतना बेहद मुश्किल है।

श्रेष्ठता पर

श्रेष्ठता अनायास नहीं आती, यह एक सतत प्रक्रिया है।

सफलता पर

• संघर्ष ही सफलता पाने की कुंजी है।

• वर्षा के दौरान सभी पक्षियों को आसरा मिल जाता है, लेकिन बाज बादलों के ऊपर उड़ान भरते हुए वर्षा को मात देता है।

• मनुष्य के लिए कठिनाइयों को झेलना जरूरी है, तभी उसे सफलता का आनंद मिलता है।

• जो लोग दिल से मेहनत नहीं करते हैं, वे भी कामयाब होते हैं। पर ऐसी अनमनी कामयाबी से चारों तरफ कड़वाहट ही फैलती है।

• खुशियाँ पाने के आसान और नकली तरीकों को छोड़ो और जीवन में बड़ी उपलब्धि पाने का प्रयास करो।

• खुद को झोंके बिना तुम सफल नहीं हो सकते। और अपने को झोंकने के बाद तुम नाकाम नहीं होगे।

• अगर मेरे सफल होने की परिभाषा मजबूत है, तो नाकामी कभी मुझसे पार नहीं पा सकती।

• मैं कोई खूबसूरत पुरुष नहीं हूँ, लेकिन मैं निश्चित ही जरूरतमंदों की मदद के लिए हाथ बढ़ा सकता हूँ।

• सुंदरता दिल में होती है, चेहरे पर नहीं।

• आत्मविश्वास और कठोर मेहनत ऐसी दवा है, जिनसे नाकामी जैसी बीमारी का इलाज हो सकता है। ये आपको सफल व्यक्ति बना सकते हैं।

प्रतिभा पर

• हममें से हरेक के पास एक जैसी प्रतिभा नहीं होती, लेकिन हमारे पास खुद को निखारने का मौका बराबर होता है।

• अगर आप सूरज की तरह चमकना चाहते हैं, तो पहले आपको सूरज की तरह तपना पड़ेगा।

• हम सभी के अंदर जन्मजात पवित्र अग्नि है। हमारी कोशिश होनी चाहिए कि हम इस अग्नि को उड़ान दें और दुनिया को इस अच्छाई की चमक से रोशन करें।

• एक मूर्ख व्यक्ति भी समझदार बन सकता है, बशर्ते उसे उसकी अज्ञानता का भान हो, लेकिन एक समझदार व्यक्ति भी मूर्ख बन सकता है, अगर वह खुद को समझदार समझता है।

जिंदगी पर

• जिंदगी एक मुश्किल खेल है। आप तभी जीत सकते हैं, जब आप एक इनसान होने के जन्मसिद्ध अधिकार का पालन करें।

• हमें तभी याद किया जाएगा, अगर हम अपनी युवा पीढ़ी को एक संपन्न और सुरक्षित भारत देते हैं, यह लक्ष्य आर्थिक संपन्नता और सांस्कृतिक विरासत के मेल से ही हासिल हो सकता है।

• मनुष्य के लिए कठिनाइयों को झेलना जरूरी है, तभी उसे सफलता का आनंद मिलता है।

• चाहे आपकी जिंदगी में कितने ही उतार-चढ़ाव क्यों न आएँ, आपकी सोच आपकी सबसे बड़ी पूँजी होनी चाहिए।

• आपकी जिंदगी में आनेवाली कठिनाइयाँ आपको नुकसान नहीं पहुँचातीं, बल्कि आपके अंदर छिपे सामर्थ्य और ताकत का एहसास कराती हैं।

• मुश्किलों को बता दीजिए कि आपसे निपटना भी उतना ही मुश्किल है।

• नए विचारों की खोज और उन्हें सच में बदलना ही असली जुनून है।

• अगर हम स्वतंत्र नहीं हैं, तो कोई हमें सम्मान नहीं देगा।

शिक्षा पर

• शिक्षाविदों को चाहिए कि वे छात्रों में अनुसंधान, रचनात्मकता, उद्यमिता और नैतिक नेतृत्व की भावनाओं को उभारें और उनके आदर्श बनकर उभरें।

• क्लास की अंतिम पंक्तियों में देश के सबसे उज्ज्वल मस्तिष्क पाए जा सकते हैं।

• सवाल पूछने की क्षमता एक छात्र का सबसे बड़ा गुण है। छात्रों को सवाल पूछने की आजादी दीजिए।

• चूँकि विज्ञान से जुड़े मूल काम अंग्रेजी में हुए हैं, इसलिए मौजूदा वक्त में अंग्रेजी आवश्यक है। मुझे लगता है, अगले 20 साल में विज्ञान से जुड़े मौलिक तथ्य हमारी भाषाओं में भी आने लगेंगे। तब हम जापानी भाषा की ही तरह तरक्की कर सकेंगे।

• एक ओर हमारे छात्र सबसे अलग बनने के लिए पढ़ रहे हैं, वहीं उनके आसपास की दुनिया उन्हें बाकियों जैसा बनाने में जुटी है।

युवाओं पर

युवाओं से मुझे यही कहना है कि सबसे अलग सोचने की हिम्मत दिखाइए, आविष्कार करने की हिम्मत दिखाइए, जहाँ कोई नहीं गया, उन रास्तों पर चलिए, असंभव को तलाशने की हिम्मत जुटाइए और समस्याओं को जीतते हुए सफलता हासिल कीजिए। ये ऐसी महान् खूबियाँ हैं, जिन्हें पाने के लिए उन्हें परिश्रम करना ही होगा। युवाओं के लिए मेरा यही संदेश है।

धर्म पर

महान् लोगों के लिए धर्म ऐसा रास्ता है, जिससे दोस्त बनते हैं, छोटे लोगों के लिए धर्म लड़ाई का सामान है।

कविता पर

अपार खुशी या गहरे दुःख से ही कविता की रचना होती है।

दोस्ती पर

एक बेहतरीन पुस्तक सौ दोस्तों के बराबर होती है, लेकिन एक सच्चा दोस्त पूरी लाइब्रेरी के बराबर होता है।

आदतों के बारे में

आप अपना भविष्य नहीं बदल सकते, लेकिन अपनी आदतें बदल सकते हैं, और यही आदतें आपका भविष्य बदल देंगी।

❐

संदर्भ

अग्नि की उड़ान, ए.पी.जे. अब्दुल कलाम की आत्मकथा, 1999

विश्वविद्यालय प्रेस, ए.पी.जे. अब्दुल कलाम

विकिपीडिया, डॉ. ए.पी.जे. अब्दुल कलाम

प्रोफाइल www.abdulkalam.nic.in mapsofindia.com

ए.पी.जे. अब्दुल कलाम; iloveindia.com

ए.पी.जे. अब्दुल कलाम, भारत के राष्ट्रपति www.britannica.com

ए.पी.जे. अब्दुल कलाम की आत्मकथा thefamouspeople.com

अब्दुल कलाम, नियति का मनुष्य (A Man of Destiny), प्रोफेसर केएवी पांडलाई, newindiadigest.com

प्रयोगशाला से वकालत तक मिसाइलमैन ए.पी.जे. अब्दुल कलाम की विरासत, निकिता मेहता livemint.com

अब्दुल कलाम के बारे में 12 दुर्लभ कहानियाँ, जो आपका दिन बना देंगी,13 नवंबर, 2014 राहुल भागचंदानी youthconnect.in

'A.P.J. Abdul Kalam : A Life', प्रो. अरुण तिवारी

'Transcendence: My Spiritual Journey Experiences with PramukhSwamiji', ए.पी.जे. अब्दुल कलाम और प्रो. अरुण तिवारी

‘Guiding Souls: Dialogues on the purpose of Life’, ए.पी.जे. अब्दुल कलाम और प्रो. अरुण तिवारी

‘Wings of Fire : An Autobiography of APJ Abdul Kalam’, 1999, यूनिवर्सिटी प्रेस

फोटो सौजन्य

फोटो प्रभाग : राष्ट्रपति सचिवालय, राष्ट्रपति भवन

फोटो प्रभाग : जनसंपर्क निदेशालय, रक्षा मंत्रालय

प्रो. अरुण तिवारी, डॉ. कलाम के साथ सहलेखक

टीपू सुल्तान एडवांस्ड स्टडी एंड रिसर्च सेंटर, बेंगलुरु

इसरो ग्राफिक्स, अंतरिक्ष समाचार

बी.ए.पी.एस. अक्षरधाम

हिंदू—एक प्रमुख अंग्रेजी दैनिक

❑❑❑